U0906616

2015

中国旅游财务信息年鉴

中国旅游出版社

THE YEARBOOK OF CHINA TOURISM FINANCIAL

《2015 中国旅游财务信息年鉴》编辑委员会

前　言

《2015年中国旅游财务信息年鉴》是一本在2015年编辑的反映2014年度中国旅游企业财务信息的工具性、学术性年刊。本年鉴通过对年度旅游企业财务效益、资产营运、偿债能力和发展能力等主要财务指标，以及人均增加值、人均财政贡献等补充指标进行统计梳理和分析评价，希望能为广大旅游财务信息使用者提供行业平均参考数据，为管理决策、行业研究、产业发展贡献微薄的力量。

本年鉴由两部分组成，第一部分“研究报告”以财务信息年鉴数据、旅游类上市企业财务数据为样本，从资本结构、经营规模、财务效益、社会贡献等方面对当前旅游企业的发展形势进行研判。第二部分“行业数据”全面汇总了年度旅游企业财务信息数据，力求从多个维度客观反映旅游企业年度财务状况。

由于统计系统仍待完善，汇总企业数据还未能反映旅游业的全貌，加之时间和水平限制，年鉴编辑中难免会存在缺憾，敬请广大读者批评指正。

《中国旅游财务信息年鉴》编辑委员会

2015年9月

目 录

研究报告

行业数据

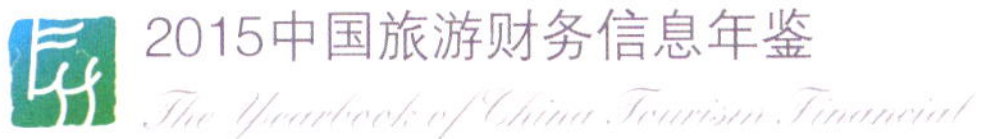

研 究 报 告

2014年中国旅游企业财务信息报告

反映2014年度全国旅游企业财务状况、经营成果的经济效益评价结果公布如下：

一、旅游企业基本概况

（一）旅游业态

在2014年度全国旅游行业财务信息汇编工作中，成功上报财务信息的旅游企业一共有26432家。其中，旅行社16191家，占61.3%；旅游饭店7610家，占28.8%；旅游景区2054家，占7.8%；旅游集团131家，占0.5%，其他旅游企业446家，占1.7%（见图1）。

2014年各个业态中旅游企业的详细情况如下：

——旅游饭店中，五星级饭店614家，占8.1%；四星级饭店1826家，占24.0%；三星级饭店3319家，占43.6%；二星级饭店1117家，占14.7%；一星级饭店46家，占0.6%；未评星级饭店688家，占9.0%。

——旅行社中，经营出境游旅行社2325家，占14.4%；经营非出境游旅行社13866家，占85.6%，信息不明旅行社4家。

——旅游景区中，5A级旅游景区106家，占5.2%；4A级旅游景区917家，占44.6%；3A级旅游景区602家，占29.3%；2A级旅游景区196家，占9.5%；1A级旅游景区21家，占1.0%；非A级旅游景区212家，占10.3%。

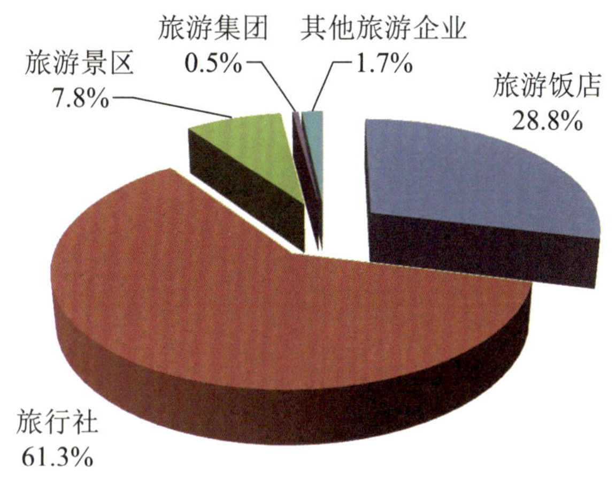

图1 按业态分2014年全国旅游企业

（二）经济类型

按经济类型划分，2014年国有控股企业4520家，占17.1%；集体企业1402家，占5.3%；联营企业329家，占1.2%；私营企业19619家，占74.2%；外商投资企业286家，占1.1%；港澳台资企业276家，占1.0%。

相比2013年，私营企业占比有小幅上升，从73.6%增加至74.2%，旅游企业的民营化程度持续增加，集体企业、联营企业所占比例有小幅下降，其他所有制类型的旅游企业所占比例保持在相对稳定的状态。

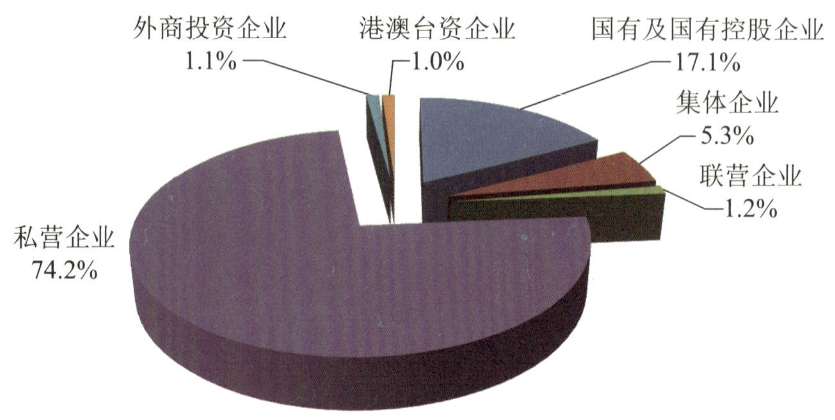

图2　按经济类型分2014年全国旅游企业

（三）企业规模

按企业规模分，2014年全国旅游企业中，大型企业434家，占1.6%；中型企业3728家，占14.1%；小型企业17703家，占67%；规模不明企业4567家，占17.3%。

旅游业仍然呈现以小型企业为主体的市场结构，中小型企业占比有所上升，中型企业和小型企业所占比例分别增加了0.2%和1.4%，旅游企业市场竞争程度日渐提高。

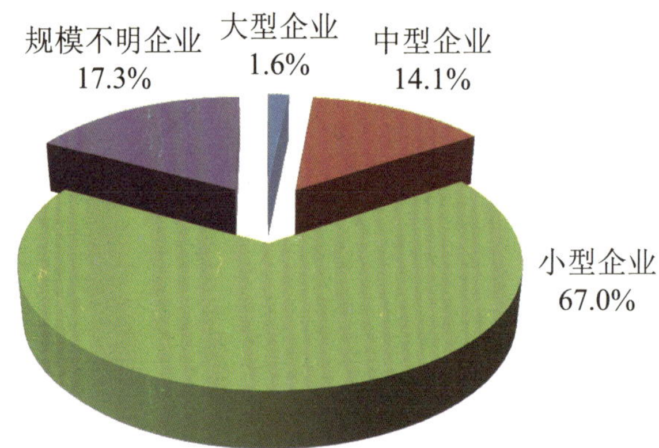

图3　按企业规模分2014年全国旅游企业

（四）地域分布

按各省市、自治区、直辖市有效上报旅游企业数量排名，2014年前十位的依次是浙江2455家（9.3%），江苏1847家（7.9%），上海1577家（6.0%），山东1400家（5.3%），湖北1387家（5.2%），河南1186家（4.5%），福建1117家（4.2%），北京1114家（4.2%），河北1036家（3.9%），陕西989家（3.7%）。从企业的数量来看，相比2013年，在区域分布上基本保持不变，东部地区位居前列，值得一提的是陕西旅游企业数量首次进入前十位。

在实收资本净额区域分布方面，江苏以10.85%的占比位居第一位，北京紧随其后，占比为10.16%。旅游企业资本前十位的省份方面，陕西省进入前十，占比为3.784%，湖南省则未进入前十，其他省份未有变化，详细数据如表1所示。

图4　按地域分2014年全国旅游企业

表1　2014年旅游企业实收资本净额区域分布对比表

单位：%

2014年		2013年	
区　域	旅游企业实收资本净额占全国实收资本净额比例	区　域	旅游企业实收资本净额占全国实收资本净额比例
江　苏	10.85	江　苏	11.57
北　京	10.16	北　京	10.88
浙　江	8.98	浙　江	8.72
上　海	8.92	上　海	8.22
广　东	6.28	广　东	4.90
福　建	5.03	福　建	5.05
湖　北	4.37	湖　北	3.84
山　东	4.32	山　东	5.70
陕　西	3.76	陕　西	2.76
四　川	3.65	四　川	3.72
云　南	3.09	云　南	3.11
广　西	2.98	广　西	1.99
湖　南	2.53	湖　南	3.19
海　南	2.47	海　南	2.74
河　南	2.34	河　南	2.36
重　庆	2.34	重　庆	2.55
辽　宁	2.09	辽　宁	1.78
河　北	1.71	河　北	1.96
内蒙古	1.68	内蒙古	2.25
安　徽	1.63	安　徽	1.83
江　西	1.58	江　西	1.54
山　西	1.53	山　西	1.62
新　疆	1.42	新　疆	1.50
贵　州	1.33	贵　州	0.83

续表

2014年		2013年	
区　域	旅游企业实收资本净额占全国实收资本净额比例	区　域	旅游企业实收资本净额占全国实收资本净额比例
天　津	1.24	天　津	1.30
吉　林	1.04	吉　林	1.05
甘　肃	0.98	甘　肃	1.08
黑龙江	0.81	黑龙江	1.12
宁　夏	0.49	宁　夏	0.44
青　海	0.41	青　海	0.40
西　藏	—	西　藏	0.02

二、旅游企业资本结构情况

旅游企业资本结构方面，2014年全国旅游企业国有资本和法人资本位居首位，个人资本有小幅上升，社会资本旅游投资活跃，旅游业多元化的投资格局日渐形成。资本规模方面，2014年全国旅游企业平均实收资本净额规模显著增长，旅游投资增长强劲，其中旅游饭店、旅游集团和旅游景区平均吸纳旅游投资最多，受到资本的青睐，是各地旅游业投资的重点。

（一）旅游企业资本构成

从纳入编报范围的旅游企业资本构成来看，2014年全国旅游企业资本主要以法人资本和国家资本为主，其所占的比例分别为47%和25%。与2013年相比，旅游企业的资本构成基本保持不变，但是法人资本所占比例有小幅上升（详细数据如图5、表2和表3所示）。

旅游业态方面，2014年不同业态的旅游企业内部的资本构成也呈现一些不同的特征：

——旅游集团仍然以国家资本和法人资本为主，其所占比例分别为47%和40%，国家资本和法人资本为其核心控股资本。

——旅游饭店、旅游景区内部资本结构大致以法人资本和国家资本为主，在这两个业态企业中，法人资本所占比例分别为47%、49%，国家资本所占比例分别为20%和26%。

——旅行社主要以法人资本和个人资本为主，个人资本在旅行社内占据了较高的比例，达44%，相比2013年有所增加。

——在各个业态之中，外商资本在旅游饭店中所占的比例最高，2014年平均为12%。

在区域分布方面，2014年各地旅游企业内部的资本结构也呈现出一些分布特征：

——山西、辽宁两地旅游企业内部个人资本所占比例最高（占比分别为35%和31%），其他地区旅游企业资本构成大致以国家资本和法人资本为主。此外，内蒙古、安徽、福建、江西、河南、湖南、广东等地旅游企业内部个人资本占比也相对较高，所占比例均在25%以上。

——相对来说，中西部地区旅游企业内部国家资本所占比例较高，比如广西、吉林、青海、贵州、河南、陕西等地旅游企业的国家资本所占比例均位居资本类型中的前列。此外，2014年山东国家资本所占比例上升也较快，为41%。

——对于外商资本来说，2014年外商资本占比有所下降，辽宁、福建、上海、广东等沿海地区外商资本所占比例最高。

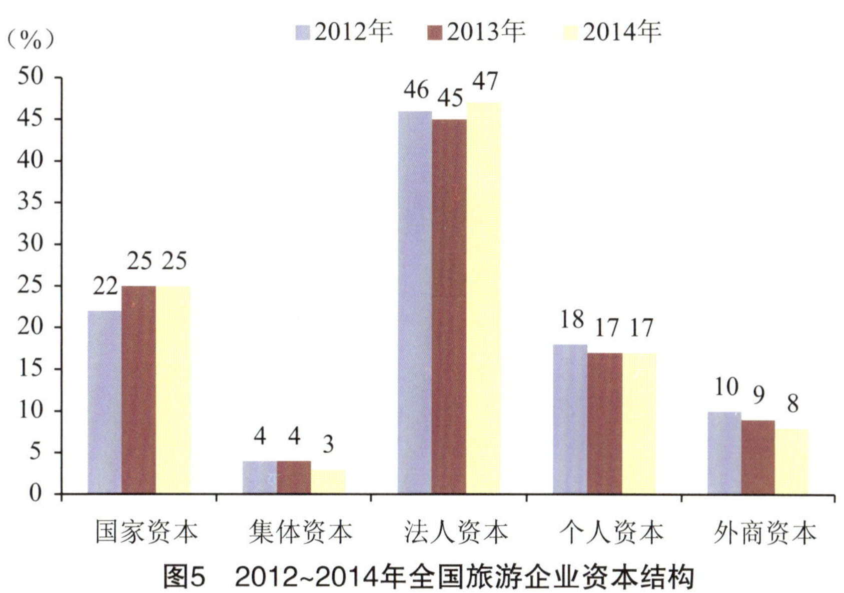

图5　2012~2014年全国旅游企业资本结构

表2　2014年旅游企业资本构成比例

单位：%

企业类别	内部构成	国家资本	集体资本	法人资本	个人资本	外商资本
旅游企业	旅游饭店	20	3	47	18	12
	旅行社	10	3	42	44	2
	旅游景区	26	6	49	14	5
	旅游集团	47	0	40	9	4
	其他旅游企业	29	4	54	11	1
旅游饭店	五星级饭店	15	2	53	9	21
	四星级饭店	23	3	48	18	8
	三星级饭店	23	5	41	28	2
	二星级饭店	21	7	34	37	1
	一星级饭店	24	11	8	58	0
	未评星级饭店	17	3	37	25	19
旅行社	经营出境游旅行社	15	2	47	34	1
	经营非出境游旅行社	5	3	36	53	3

续表

企业类别	内部构成	国家资本	集体资本	法人资本	个人资本	外商资本
旅游景区	5A级景区	23	6	60	9	2
	4A级景区	32	7	44	13	4
	3A级景区	13	10	47	23	8
	2A级景区	11	1	61	25	2
	1A级景区	13	0	52	7	29
	非A级景区	21	3	52	17	8

表3　2014年各地旅游企业资本构成比例（按区域）

单位：%

区　域	国家资本	集体资本	法人资本	个人资本	外商资本
北　京	28	2	59	4	7
天　津	21	4	59	13	6
河　北	26	2	45	23	4
山　西	26	8	31	35	0
内蒙古	14	3	51	29	4
辽　宁	8	1	29	31	31
吉　林	40	1	30	18	10
黑龙江	34	1	52	13	0
上　海	19	2	54	10	15
江　苏	29	8	44	11	8
浙　江	21	3	53	17	6
安　徽	11	3	58	26	2
福　建	12	1	46	25	16
江　西	35	3	34	25	3
山　东	41	9	34	10	6
河　南	33	7	32	26	2
湖　北	11	4	58	21	5
湖　南	21	5	42	27	4

续表

区　域	国家资本	集体资本	法人资本	个人资本	外商资本
广　东	12	2	45	27	13
广　西	53	1	24	13	9
海　南	28	2	53	9	8
重　庆	36	1	39	18	5
四　川	28	1	41	22	7
贵　州	38	4	39	19	0
云　南	21	4	52	21	2
陕　西	36	2	41	15	8
甘　肃	24	3	56	16	1
青　海	47	2	30	21	0
宁　夏	25	10	36	24	5
新　疆	35	6	48	11	0
西　藏	—	—	—	—	—

（二）旅游企业实收资本净额

从纳入编报范围的旅游企业来看，2014年全国旅游企业实收资本净额平均为1237.18万元，相比2013年增长显著（2013年旅游企业平均实收资本净额为1093.08万元）。

从业态细分看，2014年旅游集团平均实收资本净额为34128.01万元，相比2013年有大幅增加（2013年为30979.03万元）。旅游景区平均实收资本净额为3967.26万元，相比2013年也有较多增加（2013年为3629.50万元）。旅游饭店和旅行社企业平均实收资本净额也有小幅增长。详细数据如表4所示。

从资本结构上看，相比2013年变化不大。旅游企业吸纳的投资资本主要分布在旅游饭店中，占据绝对比例（2014年为51.2%），旅游集团吸纳旅游投资所占比例为13.7%，旅游景区也依然是旅游投资的热门之一

（2014年所占比例为24.9%）。详细数据如表5所示。

从时间纵向发展来看，2014年旅游饭店所占的比例持续有小幅下降，而旅游集团所占比例则保持较快的增幅（2013年仅为7.56%），越来越多的巨量资本进入到旅游业中，意在打造大规模的旅游集团，成为旅游投资中的重要方向和亮点。此外，旅游景区所占比例也继续保持小幅上升的趋势。

表4　全国旅游企业实收资本净额所占比例对比表

单位：万元

企业类别		企业平均实收资本净额（2014年）	企业平均实收资本净额（2013年）
全国旅游企业		1 237.18	1 093.08
旅游企业	旅游饭店	2 200.09	2 100.75
	旅行社	114.53	107.80
	旅游景区	3 967.26	3 629.50
	旅游集团	34 128.01	30 979.03
	其他旅游企业	3 328.38	3 328.15
旅游饭店	五星级饭店	9 215.49	9 275.70
	四星级饭店	3 282.59	3 122.52
	三星级饭店	1 022.30	998.10
	二星级饭店	381.32	368.52
	一星级饭店	291.37	214.48
	未评星级饭店	1 828.53	1 861.65
旅行社	经营出境游旅行社	404.90	449.54
	经营非出境游旅行社	65.84	63.29
旅游景区	5A级景区	14 021.16	14 430.01
	4A级景区	5 057.92	4 577.76
	3A级景区	1 744.73	1 630.26
	2A级景区	1 325.39	1 344.20
	1A级景区	1 678.49	658.09
	非A级景区	3 203.01	3 218.92

表5　全国旅游企业实收资本净额所占比例对比表

单位：%

企业类别	内部构成	旅游企业实收资本净额占全国实收资本净额比例（2014年）	旅游企业实收资本净额占全国实收资本净额比例（2013年）
旅游企业	旅游饭店	51.20	57.41
	旅行社	5.67	6.01
	旅游景区	24.92	24.23
	旅游集团	13.67	7.56
	其他旅游企业	4.54	4.78
旅游饭店	五星级饭店	17.30	19.82
	四星级饭店	18.33	19.76
	三星级饭店	10.38	12.15
	二星级饭店	1.30	1.61
	一星级饭店	0.04	0.03
	未评星级饭店	3.85	4.04
旅行社	经营出境游旅行社	2.88	2.89
	经营非出境游旅行社	2.79	3.12
旅游景区	5A级景区	4.54	4.66
	4A级景区	14.18	12.71
	3A级景区	3.21	3.02
	2A级景区	0.79	1.05
	1A级景区	0.11	0.06
	非A级景区	2.08	2.73

三、旅游企业基本规模情况

2014年，在宏观经济增速放缓的经济新常态下，旅游发展环境日渐改善，旅游投资快速增长，实现恢复性增长。从纳入编报范围的旅游企业看，2014年旅游企业总资产规模、固定资产规模、营业总收入均有快速增长，尤其是旅游集团资产规模进入快速扩展阶段，旅游业成为经济新常态下新的增长点和新动力。

（一）旅游企业资产规模

1. 旅游企业总资产

2014年纳入编报范围的全国旅游企业平均总资产为4752.27万元，比2013年增加1111.55万元，旅游企业总资产实现较大规模增幅。

其中，2014年旅游集团的企业平均总资产规模最大，为323699.97万元，远超过旅游企业平均水平；其次是旅游景区，其平均总资产为15341.68万元；再其次是旅游饭店，其平均总资产为5074.15万元。旅行社企业总资产规模最小，平均仅为489.25万元。

与2013年相比，除其他旅游企业之外，各类旅游企业的平均总资产均呈现增长态势。其他旅游企业平均总资产相比2013年有所下降，从2013年的15775.91万元下降到2014年的12228.82万元。

旅游饭店企业总资产规模呈现小幅增长，但是高星级饭店如五星级饭店平均总资产规模有所下降，四星级及以下的中低端饭店总资产规模呈现不同程度增长态势。

相比之下，旅行社企业平均总资产规模相对稳定，总体规模也相对较小，与2013年比有小幅增长，但经营出境游旅行社资产规模也相对较大，2014年平均为2353.25万元，远远大于经营非出境游旅行社的资产规模。详细数据如表6所示。

表6　2014年旅游企业平均总资产对比表

单位：万元

企业类别	内部构成	平均总资产（2014年）	平均总资产（2013年）
	全国旅游企业	4 752.27	3 640.72
旅游企业	旅游饭店	5 035.47	4 855.94
	旅行社	489.25	388.65
	旅游景区	15 341.68	14 320.97
	旅游集团	323 699.97	247 485.42
	其他旅游企业	12 228.82	15 775.91
旅游饭店	五星级饭店	22 842.47	23 481.44
	四星级饭店	7 363.68	7 303.35
	三星级饭店	2 170.84	2 069.88
	二星级饭店	888.25	762.58
	一星级饭店	471.17	397.84
	未评星级饭店	3 822.21	3 562.30
旅行社	经营出境游旅行社	2 353.25	2 308.51
	经营非出境游旅行社	176.71	138.61
旅游景区	5A级景区	61 696.52	59 006.20
	4A级景区	19 683.91	18 759.41
	3A级景区	6 772.66	6 893.44
	2A级景区	3 664.40	4 095.30
	1A级景区	3 135.99	1 382.70
	非A级景区	9 719.91	9 872.16

2. 旅游企业固定资产净值

2014年纳入编报范围的全国旅游企业平均固定资产净值为1338.90万元，相比2013年的1190.27万元有小幅增长。

其中，2014年旅游集团的企业平均固定资产净值最大，为69069.08万元，远超过旅游企业的平均水平。其次是旅游景区和旅游饭店，其平均固定资产净值分别为4359.60万元和2082.84万元，旅行社类旅游企业的固定资产净值最小，平均为41.55万元。

与2013年相比，总体上旅游企业的平均固定资产净值呈现小幅增长，除旅行社、其他旅游企业的平均固定资产净值有小幅下降外，其他业态的旅游企业的平均固定资产净值均呈现增长态势，反映出旅游企业调整之后开始进入新的增长阶段。

详细数据如表7所示。

表7　2014年旅游企业平均固定资产净值对比表

单位：万元

企业类别	内部构成	平均固定资产净值（2014年）	平均固定资产净值（2013年）
	全国旅游企业	1 338.90	1 190.27
旅游企业	旅行社	41.55	41.61
	旅游饭店	2 082.84	2 055.45
	旅游集团	69 069.08	63 105.40
	旅游景区	4 359.60	4 340.74
	其他旅游企业	1 937.29	4 187.65
旅游饭店	五星级饭店	9 009.75	9 508.47
	四星级饭店	3 063.88	3 074.12
	三星级饭店	948.61	920.27
	二星级饭店	410.09	375.59
	一星级饭店	269.39	191.35
	未评星级饭店	1 605.92	1 627.23
旅行社	经营出境游旅行社	159.91	199.36
	经营非出境游旅行社	21.71	21.07

续表

企业类别	内部构成	平均固定资产净值（2014年）	平均固定资产净值（2013年）
旅游景区	5A级景区	20 392.12	18 086.16
	4A级景区	5 585.81	6 099.96
	3A级景区	1 611.29	1 839.32
	2A级景区	1 166.38	1 050.84
	1A级景区	522.44	397.52
	非A级景区	2 175.87	2 284.45

（二）旅游企业营业总收入

2014年纳入编报范围的全国旅游企业的平均营业总收入为2448.43万元，比2013年有较大增长（2013年为2067.96万元），显示出旅游企业经营状况日渐好转。

从绝对规模上来看，在不同业态内部，旅游集团的企业经营水平仍然具有绝对优势，2014旅游集团的平均营业总收入明显高于平均水平，远高于其他业态旅游企业。相对来说，旅游景区、旅游饭店和旅行社的经营规模相对较小。从时间纵向来看，2014年旅游集团、旅游饭店的平均营业总收入呈现小幅下降，相对来说，旅游景区、旅行社等旅游企业的平均营业总收入都出现不同程度的增长。

详细数据如表8所示。

表8　2014年旅游企业平均营业总收入

单位：万元

企业类别	内部构成	平均营业总收入	
		2014年	2013年
	全国旅游企业	2 448.43	2 067.96
旅游企业	旅游饭店	1 737.71	1 748.11
	旅行社	1 560.71	1 414.90
	旅游景区	2 401.75	2 389.18
	旅游集团	148 720.93	151 247.22
	其他旅游企业	4 053.69	6 685.15
旅游饭店	五星级饭店	7 299.46	7 480.21
	四星级饭店	2 504.27	2 670.69
	三星级饭店	851.86	883.03
	二星级饭店	375.68	360.96
	一星级饭店	273.65	243.57
	未评星级饭店	1 322.35	1 164.62
旅行社	经营出境游旅行社	8 647.81	9 151.25
	经营非出境游旅行社	372.37	407.36
旅游景区	5A级景区	12 094.28	10 900.94
	4A级景区	2 858.29	2 735.10
	3A级景区	1 070.72	1 568.95
	2A级景区	670.50	908.97
	1A级景区	298.83	526.02
	非A级景区	1 169.28	1 379.01

（三）旅游企业平均从业人员

从纳入编报范围的旅游企业的从业人数和旅游企业的职工人数来看，2014年全国旅游企业大都为小型经营的企业，旅游企业年末从业人数平均大致为56人，旅游企业全年平均职工人数为55人。与2013年相比，旅游企业平均从业人数和平均职工人数有小幅增加（2013年两个指标均为54人）。

1. 旅游企业年末从业人数

2014年全国旅游企业年末从业人数平均为56人，其中，旅游集团年末从业人数平均为2127人；旅游饭店和旅游景区年末从业人数平均分别为99人和97人；旅行社年末从业人数最少，平均仅为13人。

2. 旅游企业年平均职工人数

2014年全国旅游企业年平均职工人数为55人。其中，2014年旅游集团年平均职工人数为2037人，旅游饭店和旅游景区年平均职工人数分别为96人、97人，旅行社年平均职工人数最少，仅为13人。其他旅游企业年平均职工人数为78人。相比2013年旅行社企业的平均职工人数有所增加，其他类型的旅游企业年平均职工人数有小幅减少。

详细数据如表9所示。

表9 旅游企业年末从业人数和年平均职工人数对比表

单位：人

企业类别	内部构成	企业年末从业人数		企业年平均职工人数	
		2014年	2013年	2014年	2013年
	全国旅游企业	56	54	55	54
旅游企业	旅游饭店	98	102	96	102
	旅行社	13	13	13	12
	旅游景区	97	101	97	100
	旅游集团	2 125	2 357	2 037	2 388
	其他旅游企业	79	121	78	126

续表

企业类别	内部构成	企业年末从业人数		企业年平均职工人数	
		2014年	2013年	2014年	2013年
旅游饭店	五星级饭店	294	308	294	310
	四星级饭店	143	156	139	154
	三星级饭店	65	70	65	69
	二星级饭店	38	33	34	33
	一星级饭店	36	27	30	22
	未评星级饭店	65	68	64	68
旅行社	经营出境游旅行社	51	56	49	54
	经营非出境游旅行社	7	7	7	7
旅游景区	5A级景区	378	372	377	367
	4A级景区	118	126	118	126
	3A级景区	53	58	53	57
	2A级景区	35	36	37	36
	1A级景区	40	24	39	26
	非A级景区	57	79	56	77

四、旅游企业财务效益情况

2014年，在宏观经济增速放缓的新常态下，旅游发展环境日渐改善，旅游企业不断转型调整适应市场变革，旅游企业经营状况好转，盈利能力企稳回升，迎来发展的新拐点，进入到恢复性增长阶段。具体说来：

一是旅游企业财务效益好转，主要盈利指标向好，企业运营呈复苏迹象。旅游企业营业总收入、净资产收益率、总资产报酬率、营业利润率、净利润率等盈利指标相比2013年都有所回升，但仍处于恢复性增长区间，尚未达到2012年之前的发展水平。以企业净资产收益率指标为例，2014年旅游企业净资产收益率平均为3.91%，虽相较2013年有所上升，但仍低于2012年的5.04%和2011年的5.32%。

二是旅游企业运行呈现分化结构，不同业态企业之间呈现出不同盈利状况。旅游饭店依然处于结构调整阵痛期，经营状况不容乐观，但旅游景区、旅行社、旅游集团等进入复苏发展通道，企业经营业绩日渐好转，尤其是拥有巨量资本的旅游集团更是迎来快速扩张阶段。对旅游饭店来说，三十多年的高速投资发展后，沉淀了大量的饭店资产，而面对消费市场结构变化，需要度过一段转型的艰难期，旅游饭店现时依然低位运行，饭店出租率也相对较低，一些饭店运营依然处于微利甚至亏损状况。不仅如此，不同业态内部结构之间也呈现差异发展，一批代表市场发展方向的新模式、新内容、新方向的旅游企业经营绩效向好。

三是拥有巨量资本的旅游集团发展迅速，成为旅游运营发展的新亮点。现时，越来越多的非旅游企业进入到旅游行业，旅游产业的边界被打破，旅游企业兼并、重组和资本运作加快，旅游产业日益做长、做深、做透，资源跨界整合成为新的趋势，旅游产业的集团化步伐加快，一批大型旅游集团展露市场，成为旅游企业运营的新亮点，这使得中国旅游企业发展进入到新的阶段，进一步提升中国旅游企业的竞争力，

四是旅游企业这一财务状况，既有宏观经济的因素，也得益于旅游企业自身转型调整，2014年旅游企业不断创新经营领域、管理理念、经营模式、技术手段，消化市场变革带来的不利因素，日渐适应新的消费市场结构，大众消费市场的力量也日渐显露，支撑着中国旅游产业在新阶段的发展，推进旅游业转型升级。

总体上看，2014年旅游企业历经危机和转型调整之后，更好地适应了市场的变革和新的经营，在新的经营模式、技术方法等调整之下，迎来了一个新的发展周期，这也代表了新的市场方向，为旅游业下一步的发展奠定了新的基础。

（一）旅游企业盈利能力

与2013年相比，2014年纳入编报范围的旅游企业盈利能力有所回升，旅游企业营业利润、净利润、净资产收益率、总资产报酬率、营业利润率、成本费用利润率等核心指标均呈现上升态势。

1. 旅游企业营业利润和净利润

2014年旅游企业的平均营业利润和平均净利润均实现大幅增长，分别为89.32万元和72.78万元（2013年分别为52.21万元和46.33万元），这主要得益于旅游集团、旅行社等业态旅游企业营业利润的增长，特别是旅游集团营业利润和净利润的高速增长，带动旅游企业的平均数据增长。相对来说，旅游饭店的经营状况依然不容乐观，其平均营业利润和净利润均呈现小幅下降趋势。

在不同业态内部，从绝对规模上来看，旅游集团、旅游景区等旅游企业经营水平仍然具有绝对优势，2014年这两类旅游企业的营业利润和净利润明显高于整体平均水平，特别是旅游集团的平均营业利润更是达到亿元级别（2014年为10635.93万元），相对来说旅行社和旅游饭店的经营规模和营业水平相对较低。

从时间纵向来看，2014年旅游集团、旅行社等旅游企业的营业利润和净利润都出现不同程度的增长，尤其是旅游集团出现了跨越式增长。旅游景区的营业利润出现了下降，而净利润则有所增长，某种程度上反映出旅游景区成本费用控制能力的提升。相对来说，旅游饭店营业状况持续低迷，五星级饭店的营业利润和净利润都出现持续下降，而且三星级、四星级饭店出现亏损程度加大，营业利润和净利润均为负数。

相对来说，旅行社和旅游景区的盈利水平保持在相对稳定状态，但内部差异较大，旅游景区中，高等级景区的盈利能力增长迅速，2014年5A级景区的营业利润和净利润有大幅增长，而低等级旅游景区的盈利状况则不容乐观。旅行社中，经营出境游业务的旅行社的营利规模远大于经营非出境游业务的旅行社。

详细数据如表10所示。

表10 旅游企业平均营业利润和净利润对比表

单位：万元

企业类别	内部构成	平均营业利润		平均净利润	
		2014年	2013年	2014年	2013年
	全国旅游企业	89.32	52.21	72.78	46.33
旅游企业	旅游饭店	17.23	21.37	13.19	15.83
	旅行社	14.06	12.21	13.24	11.03
	旅游景区	233.83	258.49	262.46	249.65
	旅游集团	10 672.55	5 592.34	7 277.94	3 757.31
	其他旅游企业	277.45	291.98	260.93	421.85
旅游饭店	五星级饭店	417.55	455.11	365.03	397.96
	四星级饭店	-47.78	-27.74	-48.35	-32.76
	三星级饭店	-16.21	-14.01	-13.56	-14.97
	二星级饭店	7.58	10.84	6.11	9.32
	一星级饭店	-0.02	10.21	8.35	15.91
	未评星级饭店	10.63	-42.20	3.46	-33.10
旅行社	经营出境游旅行社	92.50	94.57	86.40	85.98
	经营非出境游旅行社	0.91	1.49	0.97	1.28
旅游景区	5A级景区	2 309.26	1 870.82	2 128.68	1 743.86
	4A级景区	202.32	267.91	277.92	306.19
	3A级景区	27.65	131.67	43.73	42.97
	2A级景区	35.24	64.73	40.03	57.07
	1A级景区	-120.40	42.93	-100.93	30.23
	非A级景区	136.57	92.39	125.27	148.18

2. 旅游企业净资产收益率

净资产收益率是指企业一定时期内的净利润同平均净资产的比率，充分体现了投资者投入企业的自由资本获取净收益的能力，突出反映了投资与报酬的关系，是评价企业资本经营效益的核心指标。

2014年全国旅游企业净资产收益率平均为3.91%，与2013年相比，旅游企业的净资产收益率有所回升（2013年为3.06%），但仍未达到2012年的收益水平。

具体到不同类型旅游企业，2014年旅行社净资产收益率最高，为8.60%，其次是旅游集团，为7.40%，旅游景区净资产收益率为3.99%。相对来说，旅游饭店的净资产收益率最低，仅为0.56%。总体上看，旅游企业的净资产收益率相对较低。但从时间纵向比较来看，相比2013年，旅游集团、旅行社的净资产收益率均呈现增长态势，尤其是旅游集团表现良好，净资产收益率增幅明显。旅游景区净资产收益率略有下降，而旅游饭店的净资产收益率依然呈现下降态势，经营状况不容乐观。

在旅游饭店方面，各个类型的旅游饭店的净资产收益率相比2013年均有所下降，且三星级、四星级饭店的净资产收益率为负，呈现亏损状态，相对来说五星级饭店和一星级饭店的净资产收益率相对较高。区域比较来看，仅海南、北京、上海、浙江、广东、重庆等省市的净资产收益率为正，大部分省市旅游饭店的净资产收益率均为负。

在旅游景区方面，高等级旅游景区的净资产收益率相对较高，2014年5A级和4A级旅游景区的净资产收益率分别为7.15%和3.43%，高于其他类型的旅游景区，总体上，与2013年相比有小幅下降。区域层面，旅游景区净资产收益率较低主要集中在中西部地区，比如新疆、山西等地，其净资产收益率为负，远低于全国平均水平。

旅行社的净资产收益率2014年有小幅增加，相比2013年增加了0.56%。其中，经营出境游业务旅行社从2013年的11.87%增长到2014年的12.26%，经营出境游业务旅行社的净资产收益率远高于经营非出境游业务旅行社的净资产收益率。从区域角度看，2014年山东、辽宁、湖北、上海等地旅行社的净资产收益最高，分别为21.38%、18.55%、16.47%和15.19%。

详细数据如表11所示。

表11　旅游企业净资产收益率对比表

单位：%

企业类别	企业类型	净资产收益率（2014年）	净资产收益率（2013年）
	全国旅游企业	3.91	3.06
旅游企业	旅行社	8.60	8.04
	旅游饭店	0.56	0.69
	旅游集团	7.40	4.88
	旅游景区	3.99	4.01
	其他旅游企业	5.05	7.44
旅游饭店	五星级饭店	3.27	3.50
	四星级饭店	-1.44	-1.00
	三星级饭店	-1.31	-1.51
	二星级饭店	1.36	2.36
	一星级饭店	2.95	5.50
	未评星级饭店	0.22	-2.10
旅行社	经营出境游旅行社	12.26	11.87
	经营非出境游旅行社	1.57	2.10
旅游景区	5A级景区	7.15	7.09
	4A级景区	3.43	3.68
	3A级景区	1.58	1.47
	2A级景区	2.36	3.08
	1A级景区	-9.13	4.33
	非A级景区	2.94	3.56

3. 旅游企业总资产报酬率

总资产报酬率表示企业包括净资产和负债在内的全部资产的总体获利能力，是评价企业资产运营效益的重要指标。

2014年全国旅游企业总资产报酬率平均为3.52%，与2013年相比有小幅上升（2013年为3.08%）。其中，旅游集团总资产报酬率最大，平均为5.38%；其次是旅行社，总资产报酬率平均为4.00%；旅游景区总资产报酬率平均为3.20%；旅游饭店的总资产报酬率最低，仅为1.60%。

与2013年相比，除旅游集团的总资产报酬率有所增加之外，旅游饭店、旅行社和旅游景区的总资产报酬率均出现不同程度的下降。

详细数据如表12所示。

表12　旅游企业总资产报酬率对比表

单位：%

企业类别	单位类型	总资产报酬率（2014年）	总资产报酬率（2013年）
	全国旅游企业	3.52	3.08
旅游企业	旅行社	4.00	4.13
	旅游饭店	1.60	1.80
	旅游集团	5.38	4.26
	旅游景区	3.20	3.50
	其他旅游企业	4.32	5.21
旅游饭店	五星级饭店	3.03	3.45
	四星级饭店	0.77	0.87
	三星级饭店	0.42	0.49
	二星级饭店	1.59	2.48
	一星级饭店	2.28	5.77
	未评星级饭店	1.41	0.56

续表

企业类别	单位类型	总资产报酬率（2014年）	总资产报酬率（2013年）
旅行社	经营出境游旅行社	5.10	5.19
	经营非出境游旅行社	1.41	1.96
旅游景区	5A级景区	5.55	4.98
	4A级景区	2.95	3.21
	3A级景区	1.38	3.12
	2A级景区	1.61	2.53
	1A级景区	-3.13	4.49
	非A级景区	2.41	2.90

4. 旅游企业利润率

（1）销售（营业）利润率

旅游企业销售（营业）利润率是指旅游企业一定时期内营业利润同营业收入净额的比率。2014年全国旅游企业销售（营业）利润率平均为3.65%，其中旅游景区销售（营业）利润率最高，为9.74%，其次是旅游集团，为7.18%，旅游饭店和旅行社最低，不足1%。

总体上看，旅游企业销售（营业）利润率与2013年（2.52%）相比有明显回升。其中，旅游集团的销售（营业）利润率增长最为明显，2014年旅游集团的销售（营业）利润率为7.18%，较2013年的3.70%增加了3.48个百分点。旅游景区、旅行社的销售（营业）利润率与2013年相比变化不大。

（2）成本费用利润率

旅游企业成本费用利润率是指旅游企业一定时期内营业利润与企业成本费用总额的比例，表示企业为取得利润而付出的代价或者每一单位的成本费用能够获得的利润。2014年全国旅游企业成本费用利润率平均为4.77%，比2013年的3.54%有所增加。

其中，2014年旅游景区的成本费用利润率最大，平均为15.27%，比

2013年有所下降；其次是旅游集团，成本费用利润率平均为9.10%，比2013年增幅明显；旅游饭店、旅行社的成本费用利润率仅为1.65%和1.05%。

详细数据如表13所示。

表13　旅游企业销售(营业)利润率、成本费用利润率对比表

单位：%

<table>
<tr><th rowspan="2">企业类别</th><th rowspan="2">单位</th><th colspan="2">销售（营业）利润率</th><th colspan="2">成本费用利润率</th></tr>
<tr><th>2014年</th><th>2013年</th><th>2014年</th><th>2013年</th></tr>
<tr><td></td><td>全国旅游企业</td><td>3.65</td><td>2.52</td><td>4.77</td><td>3.54</td></tr>
<tr><td rowspan="5">旅游企业</td><td>旅游饭店</td><td>0.99</td><td>1.22</td><td>1.65</td><td>1.92</td></tr>
<tr><td>旅行社</td><td>0.90</td><td>0.86</td><td>1.05</td><td>1.00</td></tr>
<tr><td>旅游景区</td><td>9.74</td><td>10.81</td><td>15.27</td><td>16.19</td></tr>
<tr><td>旅游集团</td><td>7.18</td><td>3.70</td><td>9.10</td><td>4.94</td></tr>
<tr><td>其他旅游企业</td><td>6.84</td><td>4.37</td><td>9.25</td><td>8.34</td></tr>
<tr><td rowspan="6">旅游饭店</td><td>五星级饭店</td><td>5.72</td><td>6.08</td><td>6.30</td><td>7.14</td></tr>
<tr><td>四星级饭店</td><td>-1.91</td><td>-1.04</td><td>-0.99</td><td>-0.33</td></tr>
<tr><td>三星级饭店</td><td>-1.90</td><td>-1.59</td><td>-0.96</td><td>-1.05</td></tr>
<tr><td>二星级饭店</td><td>2.02</td><td>3.02</td><td>2.41</td><td>3.49</td></tr>
<tr><td>一星级饭店</td><td>-0.01</td><td>3.85</td><td>2.57</td><td>7.92</td></tr>
<tr><td>未评星级饭店</td><td>0.80</td><td>-3.62</td><td>1.35</td><td>-2.14</td></tr>
<tr><td rowspan="2">旅行社</td><td>经营出境游旅行社</td><td>1.07</td><td>1.03</td><td>1.19</td><td>1.14</td></tr>
<tr><td>经营非出境游旅行社</td><td>0.24</td><td>0.37</td><td>0.49</td><td>0.56</td></tr>
<tr><td rowspan="6">旅游景区</td><td>5A级景区</td><td>19.09</td><td>17.16</td><td>26.28</td><td>22.83</td></tr>
<tr><td>4A级景区</td><td>7.08</td><td>9.80</td><td>13.42</td><td>15.93</td></tr>
<tr><td>3A级景区</td><td>2.58</td><td>8.39</td><td>5.94</td><td>11.55</td></tr>
<tr><td>2A级景区</td><td>5.26</td><td>7.09</td><td>6.96</td><td>9.63</td></tr>
<tr><td>1A级景区</td><td>-40.29</td><td>8.16</td><td>-24.00</td><td>9.64</td></tr>
<tr><td>非A级景区</td><td>11.68</td><td>6.70</td><td>16.15</td><td>15.36</td></tr>
</table>

（二）旅游企业资产运营能力

与2013年相比，2014年纳入编报范围的旅游企业总资产周转率、流动资产周转率和应收账款周转率均有所下降。

1. 旅游企业总资产周转率

旅游企业总资产周转率是指企业一定时期内营业收入净额同平均资产总额的比率，是综合评价企业全部资产经营质量和利用效率的重要指标。2014年全国旅游企业总资产周转率平均为54.83%，与2013年的59.63%相比，呈现持续下降趋势。

其中，旅行社的总资产周转率最高，平均为356.44%，远高于其他类型的旅游企业；其次是旅游集团，平均总资产周转率为48.64%；旅游景区和旅游饭店的总资产周转率分别为17.84%和34.78%。

与2013年相比，旅游集团、旅行社、旅游饭店、旅游景区等企业的总资产周转率均出现不同程度的下降。

详细数据如表14所示。

表14　旅游企业总资产周转率对比表

单位：%

企业类别	内部构成	2014年	2013年
	全国旅游企业	54.19	59.63
旅游企业	旅游饭店	34.88	36.40
	旅行社	356.37	387.44
	旅游景区	16.83	18.06
	旅游集团	48.74	65.09
	其他旅游企业	35.21	46.52

续表

企业类别	内部构成	2014年	2013年
旅游饭店	五星级饭店	32.23	32.09
	四星级饭店	34.28	37.20
	三星级饭店	39.75	43.04
	二星级饭店	42.23	48.10
	一星级饭店	56.42	65.33
	未评星级饭店	35.81	32.89
旅行社	经营出境游旅行社	405.10	430.47
	经营非出境游旅行社	242.70	299.75
旅游景区	5A级景区	21.28	20.18
	4A级景区	15.58	15.65
	3A级景区	17.14	24.50
	2A级景区	18.50	24.07
	1A级景区	10.05	36.03
	非A级景区	12.86	15.77

2. 旅游企业流动资产周转率

旅游企业流动资产周转率是指企业一定时期营业收入净额同平均流动资产总额的比率。2014年全国旅游企业流动资产周转率平均为126.6%，流动资产周转率相对较高，资产利用效率表现良好，但比2013年的150.56%有小幅下降。

其中，2014年旅行社企业流动资产周转率最高，平均为463.21%，远高于其他类型的旅游企业；其次是旅游集团和旅游饭店，分别为103.83%和90.80%，旅游景区的流动资产周转率相对偏低，平均为50.94%。与2013年相比，旅游集团、旅行社、旅游饭店、旅游景区等企业流动资产周转率均有小幅下降。

详细数据如表15所示。

表15　旅游企业流动资产周转率对比表

单位：%

企业类别	内部构成	2014年	2013年
	全国旅游企业	126.60	150.56
旅游企业	旅游饭店	90.80	98.20
	旅行社	463.21	507.76
	旅游景区	50.94	58.05
	旅游集团	103.83	151.50
	其他旅游企业	61.68	92.62
旅游饭店	五星级饭店	84.10	87.02
	四星级饭店	88.13	97.88
	三星级饭店	106.40	117.12
	二星级饭店	104.88	133.46
	一星级饭店	163.88	160.95
	未评星级饭店	93.55	97.33
旅行社	经营出境游旅行社	533.04	567.37
	经营非出境游旅行社	306.60	388.36
旅游景区	5A级景区	85.87	71.98
	4A级景区	47.34	54.29
	3A级景区	51.15	78.12
	2A级景区	37.72	47.02
	1A级景区	13.85	68.50
	非A级景区	23.85	35.27

3. 存货周转率

存货周转率是指企业一定时期内销售成本与平均存货的比率，是对流动资产周转率的补充说明。2014年全国旅游企业平均存货周转率为2.06次，比2013年小幅下降。其中，旅游饭店的平均存货周转率为5.78次，远超过平均水平，旅游景区和旅游集团的平均存货周转率分别为1.17次和1.88次。

4. 旅游企业应收账款周转率

旅游企业应收账款周转率是指一定时期内企业营业收入净额同平均应收账款余额的比率。2014年全国旅游企业应收账款周转率平均为16.16次，应收账款周转速度较快，能够有效地将旅游企业的应收账款转为现金，减少坏账损失。与2013年相比，大致保持在同一水平上。

其中，2014年旅游集团应收账款周转率为20.26次，比2013年有所下滑；旅行社应收账款周转率尽管也出现小幅下降，但仍位居第一位，为22.96次；旅游饭店应收账款周转率为11.29次；旅游景区应收账款周转率相对偏低，为7.33次，相比2013年有所下降。

详细数据如表16所示。

表16　旅游企业应收账款周转率对比表

单位：次

企业类别	内部构成	2014年	2013年
	全国旅游企业	16.16	16.44
旅游企业	旅游饭店	11.29	11.57
	旅行社	22.96	24.05
	旅游景区	7.33	7.99
	旅游集团	20.26	21.58
	其他旅游企业	15.85	22.62
旅游饭店	五星级饭店	11.74	11.46
	四星级饭店	14.00	13.45
	三星级饭店	9.28	9.57
	二星级饭店	9.00	7.21
	一星级饭店	6.26	12.84
	未评星级饭店	8.20	18.24
旅行社	经营出境游旅行社	30.60	32.01
	经营非出境游旅行社	11.63	13.92

续表

企业类别	内部构成	2014年	2013年
旅游景区	5A级景区	27.14	30.04
	4A级景区	5.78	5.92
	3A级景区	5.42	8.48
	2A级景区	4.50	4.46
	1A级景区	4.49	10.49
	非A级景区	10.40	12.35

（三）旅游企业偿债能力

2014年纳入编报范围的旅游企业的资产负债率和流动比率有所下降，旅游企业的速动比率均有所提高，但偿债能力总体上处于较为健康状态。

1. 旅游企业资产负债率

旅游企业资产负债率是指旅游企业一定时期内负债总额同资产总额的比率，是评价企业负债水平的综合指标。

2014年全国旅游企业资产负债率平均为56.53%，与2013年相比，旅游企业资产负债率呈现小幅增长，基本保持在相对稳定的水平上（2013年为55.69%）。

其中，旅游集团的资产负债率有所下降，为59.66%（2013年为61.70%）；旅行社资产负债率有所上升，2014年为66.78%，仍然位居第一位；旅游饭店和旅游景区的资产负债率稳中有升。

详细数据如表17所示。

表17　旅游企业资产负债率对比表

单位：%

企业类别	内部构成	2014年	2013年
	全国旅游企业	56.53	55.69
旅游企业	旅游饭店	52.90	52.75
	旅行社	66.78	63.37
	旅游景区	54.29	53.06
	旅游集团	59.66	61.70
	其他旅游企业	55.67	60.61
旅游饭店	五星级饭店	51.06	50.91
	四星级饭店	54.76	55.15
	三星级饭店	51.73	52.12
	二星级饭店	49.43	46.88
	一星级饭店	43.10	29.44
	未评星级饭店	57.82	55.16
旅行社	经营出境游旅行社	67.76	67.10
	经营非出境游旅行社	64.61	55.25
旅游景区	5A级景区	45.53	53.72
	4A级景区	56.54	52.60
	3A级景区	58.07	54.52
	2A级景区	53.24	52.64
	1A级景区	64.27	51.64
	非A级景区	54.99	52.39

2. 旅游企业资产流动性

旅游企业流动比率是指旅游企业一定时期内流动资产同流动负债的比率，用以衡量企业短期债务偿还能力。旅游企业速动比率是指旅游企业一定时期的速动资产同流动负债的比率，用以衡量企业的短期偿债能力。

2014年全国旅游企业流动比率平均为114.74%，速动比率平均为91.40%，说明旅游企业的流动性较好，基本保持在相对稳定的水平上，其中流动比率相比2013年有所增加，而速动比率有所降低。

具体各个业态方面来看：

流动比率方面，旅游集团流动比率最高，平均为120.91%，相比2013年增长明显；其次是旅行社，流动比率平均为119.29%，与2013年相比呈现下降趋势；旅游景区和旅游饭店的流动比率平均分别为104.09%和107.54%，相比2013年有所增加。

速动比率方面，2014年旅行社企业速动比率最高，平均为118.87%；旅游饭店速动比率为101.81%，相比2013年增长明显，旅游景区的速动比率为83.58%，比2013年略有下降，旅游集团的速动比率为75.24%，与2013年相比有所降低。

详细数据如表18所示。

表18　旅游企业流动比率与速动比率对比表

单位：%

企业类别	内部构成	流动比率		速动比率	
		2014年	2013年	2014年	2013年
	全国旅游企业	114.74	108.66	91.40	93.75
旅游企业	旅游饭店	107.54	105.31	101.81	99.52
	旅行社	119.29	126.62	118.87	125.89
	旅游景区	104.09	98.63	83.58	84.29
	旅游集团	120.91	109.47	75.24	77.42
	其他旅游企业	156.88	129.94	121.39	89.68

续表

企业类别	内部构成	流动比率		速动比率	
		2014年	2013年	2014年	2013年
旅游饭店	五星级饭店	123.32	122.60	118.25	117.48
	四星级饭店	104.96	105.23	99.31	99.88
	三星级饭店	91.24	86.03	84.95	79.52
	二星级饭店	90.74	92.35	84.23	82.18
	一星级饭店	86.49	169.53	66.75	153.34
	未评星级饭店	105.83	90.40	98.90	83.18
旅行社	经营出境游旅行社	113.92	117.53	113.56	117.07
	经营非出境游旅行社	132.24	152.26	131.64	150.75
旅游景区	5A级景区	109.85	112.13	106.45	106.08
	4A级景区	98.62	94.08	79.68	81.32
	3A级景区	96.55	84.62	82.65	67.09
	2A级景区	103.68	116.08	78.59	87.04
	1A级景区	108.92	113.54	98.98	107.57
	非A级景区	158.01	114.92	73.31	92.23

3. 长期资产适合率

长期资产适合率是指企业所有者权益与长期负债之和同固定资产与长期投资之和的比率，从企业资源配置结构方面反映了企业财务结构的稳定程度以及财务风险的大小。2014年全国旅游企业长期资产适合率为173.69%，与2013年相比有所增加，总体上旅游企业的长期负债能力相对保持在可以控制的范围之内。

其中：

——旅行社长期资产适合率为184.29%，经营出境游旅行社为160.94%，经营非出境游旅行社为257.46%。

——旅游饭店长期资产适合率为140.65%。其中，五星级饭店为

155.95%，四星级饭店为136.22%，三星级饭店为123.62%，二星级饭店为114.09%，一星级饭店为107.18%，未评星级饭店为145.70%。

——旅游集团长期资产适合率为190.77%。

——旅游景区长期资产适合率为194.88%，其中，自然类旅游景区为213.44%，文物类旅游景区为236.93%，主题类旅游景区为161.24%。

——其他旅游企业长期资产适合率为236.39%。

（四）旅游企业发展能力

总体上看，2014年纳入编报范围的旅游企业销售增长率、总资产增长率、资本积累率都企稳回升，实现了较快的增长速度，反映出旅游业较强的企业发展能力，但内部结构也呈现分化趋势，旅游饭店依然处于转型之中，销售增长乏力，其他业态旅游企业则恢复到快速增长态势中。

1. 销售增长率

销售增长率是指旅游企业本年度营业收入增长额同上年营业收入总额的比率，是评价企业成长状况和发展能力的重要指标。2014年全国旅游企业销售增长率平均为6.03%，企业销售增长实现了企稳回升。

其中，旅游景区销售增长率最高，平均为12.66%，与2013年的6.44%相比增长了近一倍。而其他类型的旅游企业销售增长率与2013年相比也均有较大幅度的增长。2014年旅行社和旅游集团的销售增长率分别为8.75%和8.48%。相比之下，旅游饭店尽管相比2013年销售状况有好转，但是销售增长率依然为负数，2014年为-4.06%，旅游饭店依然处在艰难的转型过程中。

详细数据如表19所示。

表19　旅游企业销售增长率对比表

单位：%

企业类别	内部构成	2014年	2013年
	全国旅游企业	6.03	–0.87
旅游企业	旅游饭店	–4.06	–8.62
	旅行社	8.75	0.12
	旅游景区	12.66	6.44
	旅游集团	8.48	4.11
	其他旅游企业	7.71	3.57
旅游饭店	五星级饭店	–3.73	–9.94
	四星级饭店	–5.30	–9.19
	三星级饭店	–5.06	–7.52
	二星级饭店	–3.61	–3.94
	一星级饭店	–12.89	–0.48
	未评星级饭店	4.37	–3.40
旅行社	经营出境游旅行社	12.20	8.42
	经营非出境游旅行社	–2.89	–18.20
旅游景区	5A级景区	13.79	10.65
	4A级景区	12.78	6.26
	3A级景区	5.02	5.65
	2A级景区	23.97	–11.22
	1A级景区	–12.54	–2.81
	非A级景区	23.16	10.81

2. 资本积累率

资本积累率是指企业本年所有者权益增长额同年初所有者权益的比率，表示企业当年资本的积累能力，是评价企业发展潜力的重要指标。2014年全国旅游企业资本积累率为9.52%，相比2013年实现了快速增长态势。其中：

——旅游集团资本积累率为16.81%，与2013年相比呈现爆发式增长。

——旅行社资本积累率为11.77%，仍保持在较高的增长水平，相比2013年增长明显。

——旅游景区资本积累率为14.01%，继续保持了两位数的增长速度，但相比2013年增长速度有所放缓，2013年为17.82%。这其中，各类型旅游景区的资本积累率都有所下降，2014年主题类旅游景区、文物类旅游景区和自然类旅游景区的资本积累率分别为24.01%、6.99%和9.73%。

——旅游饭店资本积累率这几年有所下降，2014年下降到0.08%，相比2013年旅游饭店的增长步伐进一步放缓。具体到不同类型酒店，各个类型的饭店的资本积累率都下降明显，其中五星级饭店、三星级饭店、二星级饭店和未评星级饭店的资本积累率为正，其他类型的饭店的资本积累率为负数。

——其他旅游企业资本积累率为10.23%。

详细数据如表20所示。

表20　旅游企业资本积累率对比表

单位：%

企业类别	内部构成	2014年	2013年
	全国旅游企业	9.52	8.16
旅游企业	旅游饭店	0.08	1.53
	旅行社	11.77	7.64
	旅游景区	14.01	17.82
	旅游集团	16.81	5.04
	其他旅游企业	10.23	21.42

续表

企业类别	内部构成	2014年	2013年
旅游饭店	五星级饭店	0.58	2.94
	四星级饭店	-1.75	0.04
	三星级饭店	1.92	0.68
	二星级饭店	0.12	3.85
	一星级饭店	-9.99	4.78
	未评星级饭店	1.63	2.57
旅行社	经营出境游旅行社	16.65	10.33
	经营非出境游旅行社	2.99	3.60
旅游景区	文物类景区	6.99	20.70
	主题类景区	24.01	23.82
	自然类景区	9.73	14.71

3. 总资产增长率

总资产增长率是指旅游企业本年总资产增加额同年初资产总额的比率，用以衡量企业本期资产规模的增长情况，评价企业经营规模总量上的扩张程度。2014年全国旅游企业总资产增长率平均为10.94%，处于较快增长水平。与2013年的10.45%相比，保持稳定增长态势。

其中，2014年旅行社的总资产增长率最高，平均为26.54%，高于其他类型的旅游企业，与2013年相比有大幅增长（2013年为13.56%），经营出境游业务的旅行社总资产增长率更是高达22.81%，保持了高速增长势头。其次是旅游景区和旅游集团，总资产增长率平均分别为16.29%和12.97%，相比2013年有小幅下降。

旅游饭店的总资产增长率最低，2014年为2.16%，与2013年相比，增长速度进一步下滑。

详细数据如表21所示。

表21　旅游企业总资产增长率对比表

单位：%

企业类别	内部构成	2014年	2013年
	全国旅游企业	10.94	10.45
旅游企业	旅游饭店	2.16	2.27
	旅行社	26.54	13.56
	旅游景区	16.29	17.98
	旅游集团	12.97	13.91
	其他旅游企业	13.23	21.68
旅游饭店	五星级饭店	1.72	1.51
	四星级饭店	1.63	3.52
	三星级饭店	2.63	1.80
	二星级饭店	–0.29	2.70
	一星级饭店	–5.55	7.02
	未评星级饭店	7.24	1.20
旅行社	经营出境游旅行社	22.81	18.79
	经营非出境游旅行社	35.77	3.64
旅游景区	5A级景区	18.67	20.30
	4A级景区	15.80	15.91
	3A级景区	18.41	16.58
	2A级景区	2.27	18.50
	1A级景区	11.63	–10.06
	非A级景区	14.80	29.53

五、旅游企业社会贡献情况

从旅游企业的财务效益上看，随着旅游企业的气温回升，2014年旅游企业的社会贡献和社会效益进一步凸显，旅游企业在推动经济发展、创造就业、提高人们生活水平等方面作用日益明显。从纳入编报范围的旅游企业来看，总体上旅游企业的人均增加值、人均财政贡献、人均职工工资、人均福利支出有显著提升，尤其是旅游集团、旅行社、旅游饭店等业态类型的旅游企业的社会贡献指标依然保持了较快的增加势头。

（一）旅游企业人均增加值

旅游企业增加值是指旅游企业在一定时间内向游客提供旅游服务过程中所创造的增加值，反映了企业创造社会价值的能力。按统计口径，增加值是企业固定资产折旧、劳动者报酬、生产税净额、营业盈余之和。

2014年纳入编报范围的全国旅游企业人均增加值为116864.95元，与2013年的89160.49元相比有显著提升。这其中，除旅游景区人均增加值略有下降，从2013年的114956.11元下降到2014年的110084.49元，其他业态的旅游企业均较2013年有明显提升，特别是旅游集团人均增加值从2013年的112910.03元，增加到216509.81元，增长率接近100%。

详细数据如表22所示。

表22　旅游企业人均增加值对比表

单位：元

企业类别	内部构成	2014年	2013年
	全国旅游企业	116 864.95	89 160.49
旅游企业	旅游饭店	91 354.11	82 186.40
	旅行社	65 703.97	58 743.09
	旅游景区	110 084.49	114 956.11
	旅游集团	216 509.81	112 910.03
	其他旅游企业	153 321.57	124 808.84

续表

企业类别	内部构成	2014年	2013年
旅游饭店	五星级饭店	139 913.08	121 945.76
	四星级饭店	86 265.15	75 259.32
	三星级饭店	62 963.77	67 773.26
	二星级饭店	51 213.29	46 345.67
	一星级饭店	37 459.75	54 076.68
	未评星级饭店	105 250.30	72 720.36
旅行社	经营出境游旅行社	79 690.00	70 612.57
	经营非出境游旅行社	47 400.47	47 640.13
旅游景区	5A级景区	165 659.39	183 194.35
	4A级景区	101 820.24	120 992.01
	3A级景区	90 039.01	58 641.74
	2A级景区	57 841.55	78 989.00
	1A级景区	26 858.25	27 498.18
	非A级景区	94 909.66	64 352.77

（二）旅游企业人均财政贡献

旅游企业人均财政贡献是指旅游企业在一定时期内向游客提供旅游服务过程中所创造的财政贡献，反映了企业向国家纳税的能力。按统计口径，财政贡献是企业的各项税费之和。2014年纳入编报范围的全国旅游企业人均财政贡献相对较高，平均为22160.47元，比2013年的15149.19元有显著增加。

2014年，各业态旅游企业人均财政贡献依然保持增长态势，相比2013年均有较大增长，特别是旅游集团从2013年的27549.52元增长至2014年的56670.36元，增长了一倍多。而旅游景区、旅行社等其他业态旅游企业也实现了不同程度的增长。

详细数据如表23所示。

表23　旅游企业人均财政贡献比表

单位：元

企业类别	内部构成	2014年	2013年
	全国旅游企业	22 160.47	15 149.19
旅游企业	旅游饭店	14 523.84	13 421.77
	旅行社	7 817.30	7 508.10
	旅游景区	17 043.40	15 871.43
	旅游集团	56 670.36	27 549.52
	其他旅游企业	28 443.82	27 829.02
旅游饭店	五星级饭店	21 678.30	21 775.87
	四星级饭店	15 003.24	12 919.58
	三星级饭店	9 355.68	8 864.96
	二星级饭店	7 419.67	6 617.34
	一星级饭店	7 480.28	7 097.26
	未评星级饭店	14 472.09	11 725.12
旅行社	经营出境游旅行社	9 356.51	9 516.43
	经营非出境游旅行社	5 796.65	5 495.32
旅游景区	5A级景区	28 453.64	22 344.19
	4A级景区	15 002.44	15 186.25
	3A级景区	12 631.16	13 073.18
	2A级景区	11 253.83	19 666.85
	1A级景区	9 051.41	3 803.06
	非A级景区	12 776.77	10 946.97

（三）旅游企业人均职工工资

旅游企业人均职工工资是指旅游企业在一定时期内为企业职工支付的工资，反映了企业的员工成本和职工工资水平。2014年纳入编报范围的全国旅游企业年人均职工工资为39594.97元，相比2013年的33999.69元有所增加。

与2013年相比，各旅游业态企业人均职工工资均实现了增长，尤其是旅游集团的人均职工工资更是大幅增加，从2013年的43805.22元增长至2014年的55641.87元，位居各个业态旅游企业的首位。

详细数据如表24所示。

表24　旅游企业人均职工工资对比表

单位：元

企业类别	内部构成	2014年	2013年
	全国旅游企业	39 594.97	33 999.69
旅游企业	旅游饭店	38 002.78	34 498.03
	旅行社	31 787.74	26 583.96
	旅游景区	36 918.73	32 611.50
	旅游集团	55 641.87	43 805.22
	其他旅游企业	37 821.57	33 880.00
旅游饭店	五星级饭店	46 318.72	43 101.20
	四星级饭店	36 586.85	34 235.90
	三星级饭店	33 640.48	28 853.86
	二星级饭店	27 113.62	25 322.27
	一星级饭店	23 878.25	28 095.46
	未评星级饭店	40 881.82	36 453.04
旅行社	经营出境游旅行社	36 713.89	34 845.43
	经营非出境游旅行社	26 212.86	20 280.50
旅游景区	5A级景区	47 950.47	41 354.00
	4A级景区	35 844.01	32 404.26
	3A级景区	31 103.50	27 083.16
	2A级景区	23 994.62	24 736.37
	1A级景区	31 682.17	26 823.42
	非A级景区	37 432.11	31 429.37

（四）旅游企业人均福利支出

旅游企业人均职工福利支出是指旅游企业在一定时期内为企业职工支付的养老、失业以及医疗保险等费用，反映了企业的员工成本和企业职工的福利水平。

2014年纳入编报范围的全国旅游企业人均福利支出平均为10915.08元，比2013年的8402.80元增加2512.28元，增长率近30%。其中，各个业态的年人均福利支出均有所增加，尤其是旅游集团、旅游饭店和旅行社的人均职工福利支出2014年都大幅上涨。

详细数据如表25所示。

表25　旅游企业年人均福利支出对比表

单位：元

企业类别	内部构成	2014年	2013年
	全国旅游企业	10 915.08	8 402.80
旅游企业	旅游饭店	11 066.61	8 363.00
	旅行社	9 425.24	7 497.47
	旅游景区	7 835.11	6 965.14
	旅游集团	13 155.48	11 852.62
	其他旅游企业	19 010.03	8 724.66
旅游饭店	五星级饭店	22 733.59	14 107.73
	四星级饭店	8 013.29	7 193.47
	三星级饭店	6 308.90	5 556.25
	二星级饭店	5 622.81	5 091.96
	一星级饭店	4 822.02	6 660.93
	未评星级饭店	9 125.41	8 452.42
旅行社	经营出境游旅行社	11 232.25	10 286.85
	经营非出境游旅行社	7 380.27	5 369.19

续表

企业类别	内部构成	2014年	2013年
旅游景区	5A级景区	9 585.26	8 895.66
	4A级景区	8 049.40	7 203.28
	3A级景区	5 253.25	5 168.00
	2A级景区	5 015.33	5 459.52
	1A级景区	6 356.02	3 147.89
	非A级景区	9 331.16	6 156.80

（五）旅游企业平均从业人员

从纳入编报范围的旅游企业的从业人数和旅游企业的职工人数来看，2014年全国旅游企业大都为小型经营的企业，旅游企业年末从业人数平均大致为56人，旅游企业全年平均职工人数为55人。与2013年相比，旅游企业平均从业人数和平均职工人数有小幅增加（2013年两个指标均为54人）。

1. 旅游企业年末从业人数

2014年全国旅游企业年末从业人数平均为56人，其中，旅游集团年末从业人数平均为2125人；旅游饭店和旅游景区年末从业人数平均分别为98人和97人；旅行社年末从业人数最少，平均仅为13人。

2. 旅游企业年平均职工人数

2014年全国旅游企业平均职工人数为55人。其中，2014年旅游集团年平均职工人数平均为2037人，旅游饭店和旅游景区年平均职工人数分别为96人、97人，旅行社年平均职工人数最少，仅为13人。其他旅游企业年平均职工人数平均为78人。相比2013年旅行社企业的年平均职工人数有所增加，其他类型的旅游企业职工人数有小幅减少。

详细数据如表26所示。

表26　旅游企业年末从业人数和年平均职工人数对比表

单位：人

企业类别	内部构成	企业年末从业人数		企业年平均职工人数	
		2014年	2013年	2014年	2013年
	全国旅游企业	56	54	55	54
旅游企业	旅游饭店	98	102	96	102
	旅行社	13	13	13	12
	旅游景区	97	101	97	100
	旅游集团	2 125	2 357	2 037	2 388
	其他旅游企业	79	121	78	126
旅游饭店	五星级饭店	294	308	294	310
	四星级饭店	143	156	139	154
	三星级饭店	65	70	65	69
	二星级饭店	38	33	34	33
	一星级饭店	36	27	30	22
	未评星级饭店	65	68	64	68
旅行社	经营出境游旅行社	51	56	49	54
	经营非出境游旅行社	7	7	7	7
旅游景区	5A级景区	378	372	377	367
	4A级景区	118	126	118	126
	3A级景区	53	58	53	57
	2A级景区	35	36	37	36
	1A级景区	40	24	39	26
	非A级景区	57	79	56	77

六、分项补充指标情况

（一）旅行社补充指标

2014年全国旅行社入境旅游收入比率为7.65%，相比2013年略有下降。国内旅游收入比率为51.45%，比2013年有所减少。出境旅游收入比率为40.90%，比2013年有大幅增加。

在旅游收入毛利率方面，2014年旅行社自联入境旅游收入毛利率为7.74%，比2013年有所增加。旅行社国内旅游收入毛利率为6.57%，比2013年也略有增加。旅行社出境旅游收入毛利率为6.92%，比2013年有较大增加。总体上看，旅行社的收入和毛利率都有较大增长，尤其是经营出境旅游业务的效益增长更好。

（二）旅游饭店补充指标

2014年全国旅游饭店平均客房出租率为54.90%，相比2013年略有下降。旅游饭店平均房价为352.01元，比2013年小幅上涨。旅游饭店房费收入比率为44.27%，比2013年有所增加。餐饮收入比例比2013年有所减少，为40.79%，此外商品收入和娱乐收入比率相对较低，分别为3.32%和0.97%。

在毛利率方面，2014年旅游饭店餐饮收入毛利率为51.53%，比2013年小幅增长；商品毛利率有小幅下降，2014年为25.91%。与此同时，娱乐毛利率也有所下降，但仍然是毛利率最大的项目，2014年为69.03%

（三）旅游景区补充指标

2014年全国旅游景区门票收入比率为46.19%，与2013年略有增长，仍然是旅游景区主要的收入来源。旅游景区娱乐收入、餐饮收入和景区商品收入比率均比2013年略有减少，分别为1.83%、8.81%和9.42%。

在毛利率方面，2014年景区商品项目收入的毛利率比2013年有所下降，景区餐饮和娱乐收入毛利率相比2013年有所增加，其中景区娱乐收入仍然是最高的项目，为53.94%，景区商品项目收入毛利率为35.87%，有小幅下降。景区门票方面，2014年旅游景区平均门票价格相比2013年有小幅上涨，为36.61元。

2014年上市旅游企业财务效益研究报告

一、上市旅游企业的基本特征

我们从上市公司业态、企业性质、企业规模及空间分布等四个方面，对31家样本上市旅游企业2014年的财务数据进行了比较分析，发现旅游类上市企业中景区类企业占比最高，企业性质多以国有企业为主，规模以大型企业为主，空间分布主要集中在东部发达城市。另外，我们还结合8家国外上市的旅游企业的财务数据，分析国内上市企业和国外上市企业的差异及其产生差异的原因。国外上市的旅游类企业包括3家国内企业和5家国外企业。具体分析如下：

（一）样本情况

表1　2014年国内外上市旅游企业业态分布

企业类别	样本企业数量（家）	所占比例（%）
旅游景区类	16	41.03
旅游饭店类	8	20.51
综合旅游类	10	25.64
餐饮类	2	5.13
其他旅游企业	3	7.69

资料来源：申万宏源证券、上市公司公告

表2　2014年在国外上市旅游企业业态分布

企业类别	样本企业数量（家）	所占比例（%）
旅游景区类	1	12.50
旅游饭店类	2	25.00
旅行社类	5	62.50

资料来源：申万宏源证券、上市公司公告

根据上市公司主营业务中各业务的分类，同时参照公司的经营战略，我们把旅游类上市企业划分为5大类：把景区业务收入占比超过50%的上市企业划分为景区类上市企业，主要包括丽江旅游、黄山旅游、宋城股份、峨眉山A、大连圣亚、三特索道、北京旅游、西藏旅游、桂林旅游、张家界、世纪游轮、云南旅游、九华旅游、长白山、北部湾旅15家上市企业。把宾馆酒店业务收入占比超过50%以上的企业划分为旅游饭店类，共包括新都酒店、华天酒店、金陵饭店、锦江股份、东方宾馆、首旅酒店6家上市企业。餐饮业务占比达到50%以上的企业划分为餐饮类，主要有全聚德和西安饮食两家上市公司。把旅行社业务占比超过50%的上市企业划分为旅行社类，主要有中青旅、中国国旅、国旅联合和众信旅游、腾邦国际5家上市公司。另外，把业务种类比较复杂，主要是地产业务和旅游服务占比较高的上市企业划分为其他旅游企业，共3家，包括华侨城A、九龙山、西安旅游。

从样本旅游企业数据的结果分析来看，2014年上市旅游企业以旅游景区为主，其所占比例达到40%，旅游饭店类和旅行社类上市企业占比相当。

从全国旅游企业的分布来看，旅行社数量所占的比例达到了60%以上，但上市的旅行社企业却只有5家，说明我国的旅行社还是呈现数量多、规模小、集中度低的特点，具有重要影响力的企业数量有限。旅游景区类的企业在所有旅游企业中占比不到10%，但该类上市企业却占据了旅游行业上市企业的一半，其中多为国有性质的传统景区企业。

报告中引入的国外上市的旅游类企业分别是旅游景区类企业迪士尼；旅游饭店类企业如家、洲际；综合旅游类企业携程、艺龙、Expedia、Tripadvisor、Priceline。引入的8家国外上市公司的主营业务介绍如下表所示：

表3 国外上市公司主营业务介绍

公司名称	主营业务
迪士尼	电影与电视、音乐、主题公园、度假酒店、玩具、儿童书籍、周边商品等
如家	经济型连锁酒店
洲际	星级酒店、精品酒店及酒店管理
携程	旅游服务网站（酒店预订、机票预订、旅游度假、美食订餐及旅游资讯）
艺龙	在线旅游服务（提供酒店、机票和度假等全方位的旅行产品预订服务）
Expedia	旅游服务网站（提供机票预订、酒店预计、汽车出租、游船等服务）
Tripadvisor	旅游服务网站（旅游信息、酒店索引、酒店选择工具、酒店房价比价搜索等服务）
Priceline	旅游服务网站（机票、酒店、租车、旅游保险）

资料来源：申万宏源证券、上市公司年报

（二）企业性质：以国有企业为主

表4 2014年国内上市旅游企业性质结构比例

企业类别	样本企业数量（家）	所占比例（%）
国有及国有控股企业	20	64.52
私营企业	9	29.03
中外合资	2	6.45

资料来源：申万宏源证券、上市公司公告

从企业的性质来看，上市旅游企业中的国有及国有控股企业较多，共有20家，占到了上市旅游企业的64.52%，较2013年比例有所下降；私营企业所占比例为29.03%，在我国鼓励民间资本投资旅游业的大背景下，私营旅游企业有望在未来有更多的上市机会。相比而言，外资和中外合资类的上市旅游企业很少，只有2家上市企业。

（三）企业规模：全部为大型企业

从企业的规模来看，上市旅游企业全部为大型企业。（对于企业规模的划分是参照企业的从业人数和销售额来划分的，大型旅游企业的标准是从业人数在300人以上，年销售额在10000万元以上；中型旅游企业的标准是从业人数在100~300人之间，年销售额在2000万元至10000万元之间；小型旅游企业标准是从业人数在100人以下，年销售额在2000万元以下。）

（四）区域分布：主要集中在东部发达地区

表5　2014年国内上市旅游企业区域分布

地　区	样本企业数量（家）	所占比例（%）
北　京	6	19.35
广　东	4	12.90
上　海	2	6.45
云　南	2	6.45
湖　南	2	6.45
江　苏	2	6.45
陕　西	2	6.45
四　川	1	3.23
湖　北	1	3.23
西　藏	1	3.23
辽　宁	1	3.23
重　庆	1	3.23

续表

地　区	样本企业数量（家）	所占比例（%）
广　西	2	6.45
浙　江	1	3.23
安　徽	2	6.45
吉　林	1	3.23

资料来源: 上市公司公告、申万宏源证券

从空间分布来看，我国上市旅游企业多分布在东部沿海地区，北京、广东、上海和江苏都有多家上市旅游企业。北京上市旅游企业最多，占到了19.35%；广东所占比率也较高，达到12.9%。西部地区上市旅游企业相对较少，但随着国家西部大开发战略的深入，中西部地区可以依托自己独特的旅游资源和文化提升地区在旅游行业的竞争力，未来中西部地区的上市旅游企业数量有望进一步提升。

二、上市旅游企业财务效益分析

（一）上市旅游企业整体情况分析

表6　2013和2014年上市旅游企业效益情况

财务指标		全国旅游行业企业		全国旅游上市公司		旅游上市公司（加国外）	
		2014 年	2013 年	2014 年	2013 年	2014 年	2013 年
盈利能力	净资产收益率（%）	3.91	3.07	10.06	11.67	15.57	14.25
	总资产报酬率（%）	3.52	3.09	6.83	7.31	12.34	11.24
	销售利润率（%）	3.65	2.52	14.14	14.49	21.72	20.47
	成本费用利润率（%）	4.77	3.53	18.76	19.55	29.31	26.32

续表

财务指标		全国旅游行业企业		全国旅游上市公司		旅游上市公司（加国外）	
		2014年	2013年	2014年	2013年	2014年	2013年
营运能力	总资产周转率（%）	54.19	59.78	47.03	47.44	54.85	54.51
	流动资产周转率（%）	126.00	150.85	83.71	86.68	181.73	173.86
	存货周转率（次）	2.06	3.52	96.34	85.94	371.67	460.73
	应收账款周转率（次）	16.16	16.54	18.89	24.84	6.87	7.10
偿债能力	资产负债率（%）	56.53	55.75	52.42	54.95	47.42	46.32
	流动比率（%）	114.74	108.75	157.26	133.71	135.90	142.94
	速动比率（%）	91.4	93.81	76.94	54.25	104.57	108.66
	长期资产适合率（%）	173.69	160.76	262.43	242.76	264.86	255.40
发展能力	销售增长率（%）	6.03	–0.92	11.74	8.51	–80.82	7.10
	资本积累率（%）	9.52	8.16	19.05	18.03	6.22	15.39
	总资产增长率（%）	10.94	10.49	12.72	18.65	8.45	11.17

资料来源：国家旅游局、上市公司公告、申万宏源证券

1. 从企业盈利能力来看，2014年全国旅游类企业的净资产收益率及销售利润率均有提高，这一数据与较高的销售增长率密不可分。2014年旅游类上市企业的数据普遍高于行业总体水平，加入国外上市公司后，相关数值又有提高，其中净资产收益率及销售增长率明显好于全行业水平。但从趋势上看，部分数值比2013年有不同程度的下滑。以净资产收益率为例，西藏旅游、三特索道、新都酒店、华天酒店、国旅联合由于经营业绩亏损，2014年的净资产收益率为负数、携程2014年的净资产收益率同比下

降约10个百分点，导致了2014年国内上市企业的数据下滑；而迪士尼的净资产收益率为16.6%，Tripadvisor的净资产收益率为22.72%，Priceline的净资产收益率为31.3%，与2013年同比基本持平，Expedia的净资产收益率为20.26%，同比上涨约50%，因此国外上市企业较高的净资产收益率又拉升了总体的净资产收益率，从趋势上看并没有明显的下降。

2. 从企业营运能力来看，上市企业和一般企业在总资产周转率方面差别不是很大，流动资产周转率高于国内行业平均水平，存货周转率远高于行业平均水平；旅游行业中不同子行业的存货水平也是存在比较大的差距，相对来说，景区类的上市企业存货水平占总资产的水平比较低，而餐饮、旅游饭店类上市企业存货占总资产的比率相对比较高，因而子行业所呈现出来的不同特点还要再进行分析。对比2013年数据，上市企业的营运能力指标变化不大。加入国外上市企业后，应收账款周转率大幅下滑，总资产周转率、流动资产周转率、尤其是存货周转率均上升明显。具体来看，如家、洲际、首旅酒店的高存货周转率提升了总体的存货周转率。

3. 从企业偿债能力来看，上市旅游企业数据和全行业数据基本持平。2014年上市企业的资产负债率略有下降，略低于全行业企业数据。上市公司的流动比率较高，体现出流动资产对流动负债较强的保障能力，而速动比率较低，主要由于上市样本公司中华侨城涉及大量房地产业务而带来的较大存货值。长期资产适合率从企业资源配置结构方面反映了企业的偿债能力，从维护企业财务结构稳定和长期安全性角度出发，该指标数值较高比较好，但过高也会带来融资成本增加的问题。由于上市企业所有者权益数值相对较大，因而上市企业在长期资产适合率方面高于一般的旅游行业企业。加入国外上市企业后，资产负债率、流动比率有所下降，而速动比率均有所上升。

4. 从企业增长能力来看，2014年上市企业与一般旅游企业的销售增长率都明显上升。具体来看，上市企业的销售增长率上升3.23个百分点至11.74%，而全行业销售增长率由2013年的-0.92%上升至6.03%，增长强劲。可以看出，上市企业不但在盈利水平上高于一般企业，其成长状况和发展能力同样具有明显的优势。资本积累率是企业所有者权益增长额同年初所有者权益的比率，反映了企业当年资本的积累能力，该指标越高，表明企业的资本积累越多，企业资本保全性越强，应付风险、持续发展的能力越大。相比一般企业，上市企业在股权融资上的优势更大，选择更多，因而在资本积累方面明显占优，其持续发展的能力也更强。总资产增长率衡量的是企业本期资产规模的增长情况，用以评价企业经营规模总量上的扩张程度。2014年度上市企业总资产增长率高于一般企业，反映了上市企业整体上资产增长速度高于一般旅游企业。加入国外上市公司后，销售增长率、资本积累率和总资产增长率都有一定程度的下降，可以看出国内旅游业的销售情况良好，资产投资仍较为旺盛。

对比2013年的数据，全国旅游上市公司的总资产增长率明显下降，资本积累率略微上升、存货周转率明显上升。2014年国内上市企业销售增长率为11.74%，加入国外上市企业后，增长能力出现大幅下降，主要由于收入规模较大的洲际酒店、迪士尼的销售增长率明显低于国内上市企业总体水平。值得关注的是，在行业整体销售增长率不高的情况下，北京文化、众信旅游分别实现158.31%、40.32%的高增长；此外，新兴的在线旅游企业携程、Priceline仍分别实现了36.39%、24.72%的高增长，展现出强劲的发展势头和潜力。

（二）旅游景区类上市企业分析

1. 观光型景区的盈利能力略微下降

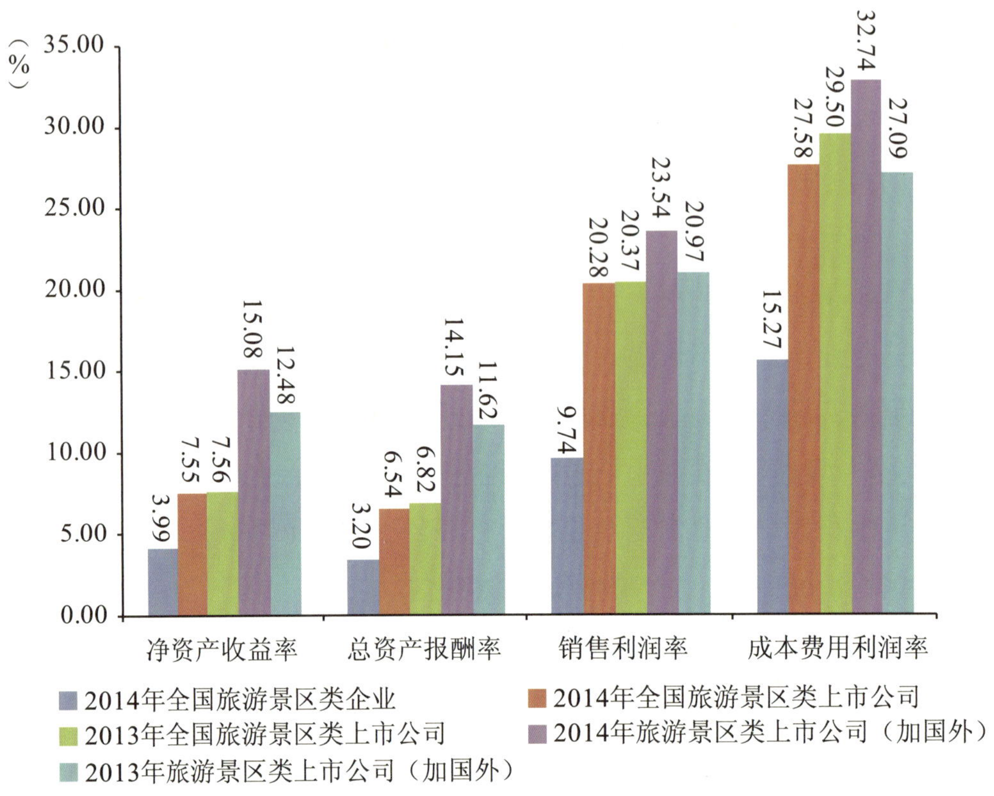

图1　旅游景区类上市企业盈利能力

表7　国内旅游景区类上市企业盈利能力

单位：%

年　份	净资产收益率		总资产报酬率		销售利润率		成本费用利润率	
	2014	2013	2014	2013	2014	2013	2014	2013
景区总体	7.55	7.56	6.54	6.82	20.28	20.37	27.58	29.50
北京文化	9.00	3.89	4.56	3.92	22.75	17.67	34.77	28.17
丽江旅游	12.48	15.75	12.75	15.10	37.88	36.29	65.48	59.05
黄山旅游	9.84	7.32	10.08	8.08	21.83	17.86	28.38	23.36

续表

	净资产收益率		总资产报酬率		销售利润率		成本费用利润率	
年　份	2014	2013	2014	2013	2014	2013	2014	2013
宋城演艺	10.98	10.24	13.12	12.12	50.47	56.12	113.21	148.03
峨眉山A	11.28	8.62	11.06	8.56	22.57	16.49	30.74	20.47
云南旅游	4.88	7.61	3.56	5.89	8.90	11.98	12.73	14.72
世纪游轮	1.74	0.83	2.80	1.02	1.30	0.13	3.43	1.61
张家界	13.04	12.77	14.22	14.67	17.88	14.75	22.21	18.42
桂林旅游	2.85	0.75	3.02	1.84	4.44	–2.03	4.44	1.74
大连圣亚	11.40	10.71	9.90	9.86	18.50	15.08	22.62	22.35
西藏旅游	–5.20	1.19	–2.02	1.43	–18.06	6.59	–19.15	8.39
三特索道	–5.00	5.64	3.04	7.20	0.65	20.22	1.17	21.39
北部湾旅	11.57	11.81	11.66	10.05	19.15	18.38	24.36	19.33
长白山	13.02	15.16	15.88	17.64	36.14	34.56	63.12	44.56
九华旅游	13.05	13.94	11.70	11.79	21.22	20.15	29.03	21.75

资料来源：申万宏源证券、上市公司公告

表8　国外旅游景区类上市企业盈利能力

单位：%

	净资产收益率		总资产报酬率		销售利润率		成本费用利润率	
年　份	2014	2013	2014	2013	2014	2013	2014	2013
景区平均	15.08	12.48	14.15	11.62	23.54	20.96	32.74	27.04
迪士尼	16.60	14.41	14.81	12.77	23.64	21.73	32.85	27.03

资料来源：申万宏源证券、上市公司公告

上市的旅游景区类企业多属于知名度高、盈利能力较强的5A级景区，因而旅游景区类上市企业的盈利能力要明显强于旅游景区类企业的整体水平。具体来看，景区类上市企业之间净资产收益率水平差距较大，最低的西藏旅游为-5.2%，而最高的九华旅游为13.05%，张家界、长白山、丽江旅游等净资产收益率则分别为13.04%、13.03%、12.48%。从销售利润率来看，数据同样差距较大，其中宋城演艺销售利润率50.47%、丽江旅游37.88%，而西藏旅游由于亏损，其销售利润为负。可以看出，虽同样拥有5A级优质景区，但盈利能力仍可能存在较大差距，一方面由于盈利能力强的企业坐拥门票、索道、客运等优质资产，另一方面企业的管理制度、费用控制、战略规划等软实力同样会对公司的盈利能力产生较大影响。

2014年景区类上市公司的各项盈利能力指标稳中有升，这与全国景区类企业的趋势一致。但云南旅游、西藏旅游、三特索道各项指标均出现大幅下降，其症结主要在于产品结构较为单一、仍以观光型为主，景区淡旺季差异明显，抗风险能力较弱。而同样是传统景区，黄山旅游、峨眉山A、张家界、桂林旅游各指标均有所上升，其受益于高铁等交通设施建设完善、景区扩容提价，客流量增长等推动业绩增长，使公司有较好的盈利能力。

加入国外旅游景区类上市公司后，2014年的净资产收益率和总资产收益率均出现大幅上升，销售利润率持平，而成本费用率2013年下滑、2014年上升。这主要是由于迪士尼的净利润占全部景区类净利润总额的62.22%，所以迪士尼的净资产收益率、总资产收益率、销售利润率对景区总体的四个指标具有决定性影响，提升了景区总体的净资产收益率、总资产收益率、销售利润率和成本费用利润率水平。值得一提的是，迪士尼在资产规模已经达到很大的情况下，依然能保持比较高的净资产和总资产回报率，这与迪士尼业态多元化有很大的关系。

2. 旅游景区收入增加导致其营运类指标小幅上升

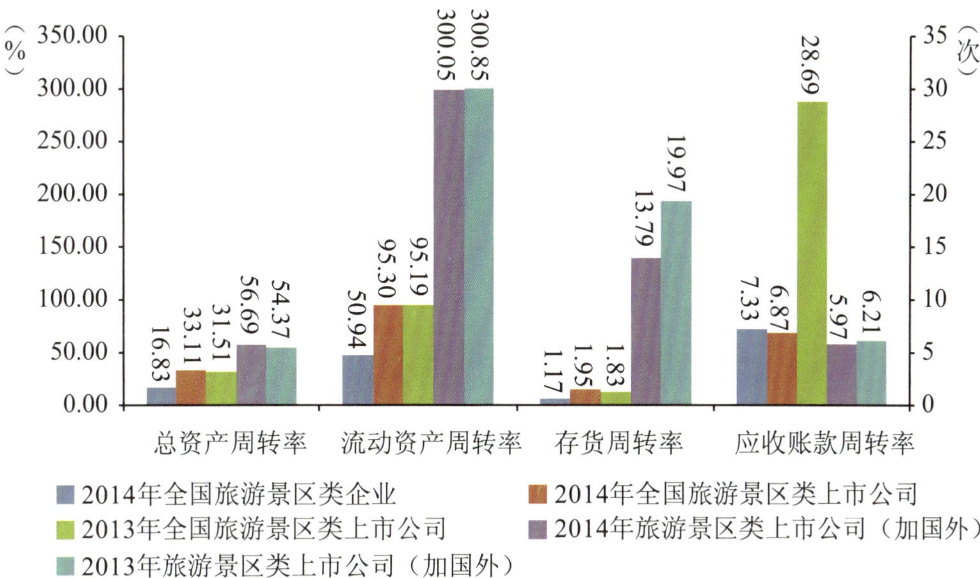

图2 旅游景区类上市企业运营能力

资料来源：申万宏源证券、国家旅游局、上市公司公告

表9 国内旅游景区类上市企业营运能力

	总资产周转率（%）		流动资产周转率（%）		存货周转率（次）		应收账款周转率（次）	
年 份	2014	2013	2014	2013	2014	2013	2014	2013
景区平均	33.11	31.51	95.30	95.19	1.95	1.83	6.87	28.69
北京文化	27.92	14.82	48.28	27.84	1.58	8.62	1.98	43.71
丽江旅游	28.42	37.57	56.07	117.72	13.37	8.92	36.43	67.10
黄山旅游	43.42	38.57	123.73	103.92	0.91	0.79	35.27	34.37
宋城演艺	24.34	19.64	88.80	53.68	166.11	160.79	176.81	153.99
峨眉山A	45.06	42.77	148.27	116.55	12.22	13.63	51.33	57.90
云南旅游	24.30	33.33	43.03	56.61	0.55	0.77	2.17	16.92
世纪游轮	78.46	56.37	244.71	174.32	4.09	3.37	51.39	15.45
张家界	70.68	83.00	629.52	625.97	62.11	87.12	457.02	298.91

续表

	总资产周转率（%）		流动资产周转率（%）		存货周转率（次）		应收账款周转率（次）	
桂林旅游	32.32	16.00	130.05	57.32	8.43	0.87	2.71	6.67
大连圣亚	42.92	34.23	202.24	128.92	72.30	70.32	117.18	86.86
西藏旅游	11.97	15.27	114.26	125.78	3.74	4.63	4.43	6.37
三特索道	18.48	20.50	68.83	108.21	3.56	3.17	40.07	51.27
北部湾旅	53.70	44.00	300.70	210.00	27.04	28.13	23.14	31.19
长白山	35.08	51.00	61.34	155.00	23.55	19.87	770.31	575.01
九华旅游	45.06	43.00	754.24	580.00	29.83	21.03	166.99	143.03

资料来源：申万宏源证券、上市公司公告

表10　国外上市景区类旅游企业营运能力

	总资产周转率（%）		流动资产周转率（%）		存货周转率（次）		应收账款周转率（次）	
年　份	2014	2013	2014	2013	2014	2013	2014	2013
景区平均	56.69	54.40	300.05	301.16	13.79	19.98	5.97	6.19
迪士尼	57.98	55.44	321.65	319.24	16.60	23.93	5.92	6.08

资料来源：申万宏源证券、上市公司公告

2014年景区总体营运能力，除应收账款周转率下降外，其余各项指标均有小幅上升。景区类上市企业在应收账款周转率、总资产周转率、存货周转率以及流动资产周转率方面都要高于全行业数据，体现了上市企业更好的资金周转能力和效率。其中，各家上市公司的指标差异较大，从存货周转率来看，上市企业经营资产的不同导致存货周转率差别较大，其中，张家界由于较小的总资产、流动资产、存货和应收账款，从而各项数值均明显高于行业总体值；宋城演艺、张家界、长白山、九华旅游由于营业收入与营业成本较高，而应收账款值较小，也体现出较高的应收账款周转率。

其中北京文化、丽江旅游、云南旅游应收账款周转率下降系公司应收账款增加所致，而在资产规模基本持平的前提下，由于2014年营业收入的上涨，丽江旅游、云南旅游的各项指标也均有小幅上升。

加入国外上市公司后，景区总体的总资产周转率、流动资产周转率、存货周转率出现大幅上升。前文中已经分析到，迪士尼的总资产等各项财务数据占景区总体的绝对比重较高，所以加入迪士尼后，景区总体的各项周转率水平受影响比较大。

3. 上市企业融资能力强，资产负债率较低

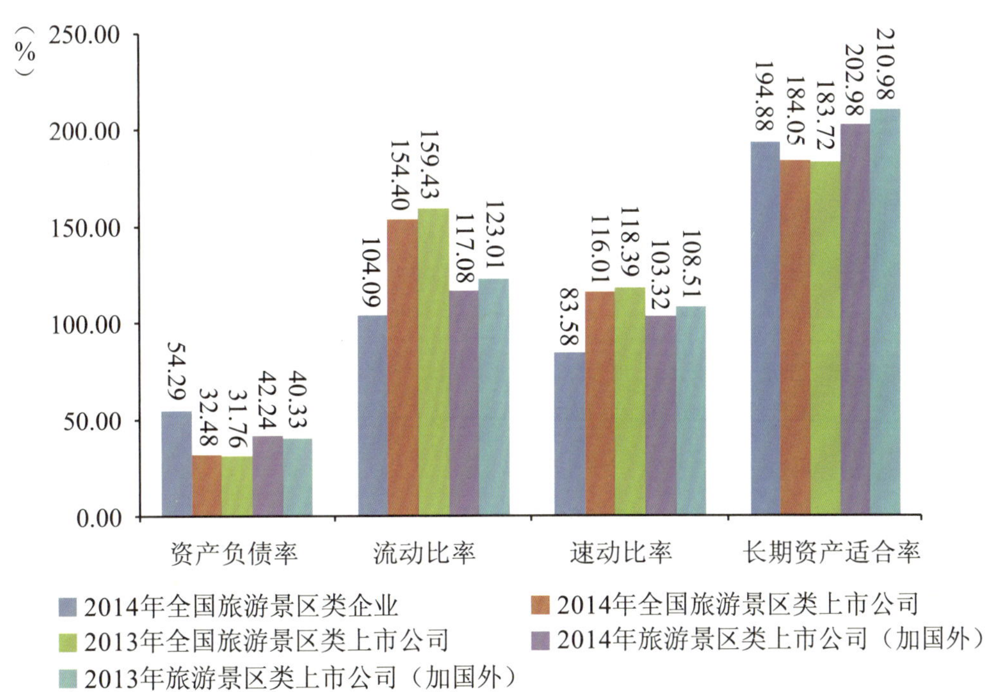

图3　旅游景区类上市企业偿债能力

资料来源：申万宏源证券、国家旅游局、上市公司公告

表11　国内旅游景区类上市企业偿债能力

单位：%

	资产负债率		流动比率		速动比率		长期资产适合率	
年　份	2014	2013	2014	2013	2014	2013	2014	2013
景区平均	32.48	31.76	154.40	159.43	116.01	118.39	184.05	183.72
北京文化	38.15	22.27	415.52	287.69	350.61	283.23	522.92	371.37
丽江旅游	21.78	36.02	582.07	254.65	576.00	246.61	253.85	176.17
黄山旅游	34.42	38.69	109.96	102.95	33.42	31.89	124.67	112.19
宋城演艺	8.54	7.91	326.28	462.36	325.71	461.91	198.08	301.26
峨眉山A	18.09	16.93	171.91	223.10	160.50	212.27	141.68	178.16
云南旅游	50.51	36.34	140.18	247.37	68.06	132.39	401.11	319.57
世纪游轮	7.48	14.28	428.69	226.44	215.12	121.69	137.21	127.46
张家界	27.21	28.07	69.52	112.95	65.15	107.55	122.91	214.96
桂林旅游	47.66	44.28	77.38	91.20	69.44	56.90	176.61	163.86
大连圣亚	42.71	52.79	95.15	86.42	93.93	85.68	175.95	156.38
西藏旅游	52.13	42.11	49.36	90.08	40.86	78.79	170.88	621.10
三特索道	45.11	48.87	76.53	71.34	69.10	58.55	144.41	139.67
北部湾旅	23.88	32.93	127.35	184.00	118.62	179.00	129.04	132.54
长白山	5.80	8.59	1120.12	490.00	1107.29	473.00	440.82	211.03
九华旅游	41.46	48.00	41.60	390.00	36.29	33.00	110.48	106.65

资料来源：申万宏源证券、上市公司公告

表12　国外上市旅游景区类企业偿债能力

单位：%

	资产负债率		流动比率		速动比率		长期资产适合率	
年　份	2014	2013	2014	2013	2014	2013	2014	2013
景区平均	42.24	40.35	117.08	122.94	103.32	108.41	202.98	211.67
迪士尼	42.77	40.73	114.17	120.55	102.33	107.84	204.47	212.87

资料来源：申万宏源证券、上市公司公告

2014年旅游景区类上市公司总体资产负债率为32.48%，与2013年基本持平，流动比率、速动比率、长期资产适合率有小幅下降，所以，总体偿债能力减弱。从企业偿债能力上看，由于上市企业具有更强的股权融资能力，因而资产负债率远低于一般景区类企业；从短期偿债能力来看，上市企业流动资产对流动负债的保障能力也更强，主要原因是上市企业对负债筹集资金的依赖性并不强，短期负债相对较少；同时，上市企业的所有者权益在长期资产适合率中所占比例更高，财务结构更加安全。从资产负债率看，长白山的资产负债率最低，仅为5.8%，世纪游轮、宋城演艺次之，分别为 7.48%、8.54%。同时，北京文化、丽江旅游、宋城演艺、世纪游轮的流动比率、速动比率均高于行业数据，体现出更好的短期偿债能力，长白山尤其明显；而黄山旅游、张家界、桂林旅游、大连圣亚、西藏旅游、三特索道、九华旅游则明显低于行业水平。

其中丽江旅游、世界游轮、长白山资产负债率下降是由于其资产增速快于负债增速，丽江旅游2014年固定资产同比增长6.3%；同时，其流动负债同比下降或流动资产上升，导致流动比率上升。桂林旅游资产负债率上升明显，主要由于其新增30700万元短期借款，这也导致了其流动比率下降明显。

加入国外上市公司后的数据可以看出，国外上市企业的资产负债率平均水平高于国内大部分上市企业，且流动比率、速动比率、长期资产适合率均低于国内水平。表明国外上市企业的偿债能力弱于国内上市企业。

4. 传统旅游景区销售收入实现恢复性增长

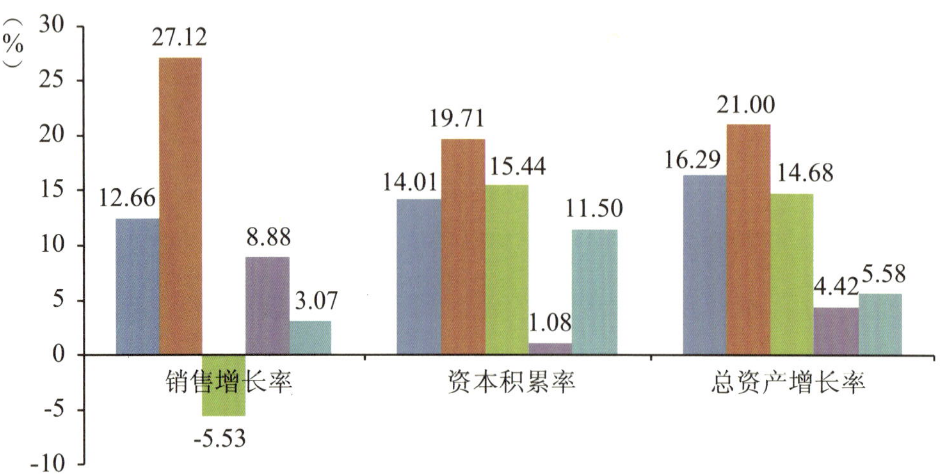

图4　旅游景区类上市企业增长能力

资料来源：申万宏源证券、国家旅游局、上市公司公告

表13　国内旅游景区类上市企业增长能力

单位：%

	销售增长率		资本积累率		总资产增长率	
年　份	2014	2013	2014	2013	2014	2013
景区平均	27.12	-5.53	19.71	15.44	21.00	14.68
北京文化	158.31	-1.96	8.84	3.27	37.08	15.24
丽江旅游	11.33	13.16	90.01	14.05	47.14	6.24
黄山旅游	15.13	-29.72	9.38	6.82	2.28	-0.73
宋城演艺	37.78	15.79	9.81	8.64	11.19	8.03
峨眉山A	20.30	-13.16	10.56	51.09	14.17	48.38
云南旅游	34.09	52.09	48.12	43.61	83.95	27.05
世纪游轮	29.58	13.36	1.12	-0.13	-6.90	13.61

续表

	销售增长率		资本积累率		总资产增长率	
年　份	2014	2013	2014	2013	2014	2013
张家界	-3.26	-26.69	13.62	13.38	13.60	17.50
桂林旅游	123.13	-11.52	2.89	-0.55	10.45	22.23
大连圣亚	14.93	20.71	12.09	10.34	-8.36	4.16
西藏旅游	-10.33	9.73	-4.42	0.47	14.40	3.68
三特索道	12.69	-7.31	58.72	8.48	25.04	17.76
北部湾旅	4.24	3.84	8.28	10.72	-4.58	-19.16
长白山	25.63	-6.75	79.59	14.24	74.28	10.92
九华旅游	6.47	-0.14	11.79	12.45	-0.70	5.59

资料来源：申万宏源证券、上市公司公告

表14　国外上市旅游景区类企业增长能力

单位：%

	销售增长率		资本积累率		总资产增长率	
年　份	2014	2013	2014	2013	2014	2013
景区平均	8.88	3.08	1.08	11.49	4.42	5.62
迪士尼	8.40	3.32	0.08	11.29	3.65	5.19

资料来源：申万宏源证券、上市公司公告

从增长能力指标来看，2014年旅游景区类上市企业的销售增长率、资本积累率、总资产增长率同比增速均出现大幅回升，高于全国一般景区企业。2014年，国内游进入稳定增长期，出境游快速发展，交通改善，旅游景区客流恢复，酒店逐步走出限制公款消费的影响、国企改革与并购等，为景区类企业新的业绩增长注入活力。

我们选取销售增长率来分析上市企业之间的差异（见表14），张家界、西藏旅游出现负增长，其中张家界的团队游客急剧下降导致旅行社收入下降27.52%，直接导致公司销售收入下降3.26%；西藏旅游的阿里地区游客限入、西藏境内旅游旺季因重大交通事故实施“两限一警”政策，公司接待量下滑近15%，景区收入下降13.68%，导致公司收入下降9.3%。而桂林旅游、北京文化的销售增长率较2013年有明显提高，其中桂林旅游2014年新增福隆园地产项目创收5.46亿元、景区收入增加9.8%导致公司总收入增加55.2%；北京文化收益主要来源于：其一影视文化板块《同桌的你》票房4.65亿元、贡献净利润约5000万，《心花路放》票房10.5亿元、贡献净利润约4000万，其二北旅广场拆迁收益3757万元，二者保证了公司较高的销售增长率。

加入国外上市公司后，成长能力指标均出现下滑，主要是迪士尼资产规模比较大，在基数效应的作用之下，其各项增长能力指标都处于长期稳健状态，因此拉低了总体指标水平。

5. 多元化经营、提升旅游景区附加值

我们选取了景区类上市企业中有代表性的三家企业：峨眉山A、宋城演艺以及丽江旅游作为样本，下表中列出了这三家上市企业中主营业务收入中各产品的毛利率水平，同时，我们还给出了全国景区类企业主要业务的毛利率水平及平均门票价格。我们希望通过对一些重点补充指标来说明景区类上市企业盈利能力突出的原因。

表15　国内景区类上市企业主营业务毛利率

单位：%

	主营业务产品	2014年毛利率	2013年毛利率
丽江旅游	索道运输	85.84	84.92
	印象演出	73.00	73.23
	酒店经营	69.48	72.86

续表

	主营业务产品	2014年毛利率	2013年毛利率
宋城演艺	宋城景区	75.61	76.76
	杭州乐园景区	48.10	53.42
	烂苹果乐园	52.44	68.27
	三亚千古情	69.24	54.12
	设计策划收入	79.73	94.30
峨眉山A	游山门票	43.01	42.05
	客运索道	81.71	80.37
	宾馆酒店	1.68	10.79

资料来源：申万宏源证券、上市公司公告

表16　国内旅游景区类企业业务毛利率及门票价格

景区餐饮毛利率（%）	景区商品毛利率（%）	景区娱乐毛利率（%）	平均门票价格（元）
43.03	34.52	63.86	52.97

资料来源：申万宏源证券、上市公司公告

表17　2014年国内旅游景区类上市企业人均消费

	营业收入（万元）		游客数（万人次）		人均消费（元）	
年　份	2014	2013	2014	2013	2014	2013
峨眉山A	99 366.35	82 596.38	287.00	223.10	346.22	370.22
丽江旅游	74 275.42	66 717.34	337.00	294.77	220.40	226.34
宋城演艺	93 511.91	67 871.59	1 456.00	827.00	64.23	82.07

资料来源：申万宏源证券、上市公司公告

宋城演艺以演艺业务为主，因此游客中过夜游人数少，并且其将入园游客及观演游客按次统计，所以游客数有部分高估，导致人均消费水平偏低；峨眉山A的门票、索道消费较为刚性，因此其人均消费在行业中处于较高水平，达到370.22元；丽江旅游的游客人数主要以索道游客和“印象丽江”游客为主，两部分游客的重合部分占比较大，所以此处以索道游客数代表丽江旅游的总游客数，因此人均消费存在高估的可能性。

可以看到，这三家上市企业的一个显著特点是主营业务收入中前三名的业务产品毛利率都很高，不少业务产品的毛利率超过了70%。对比全国的数据来看，虽然全国旅游景区类企业在餐饮、商品和娱乐方面的毛利率水平很高，领先于旅行社、旅游饭店类企业的毛利率水平，但相比于上市企业来说，还是落后的比较多，这一点也可以从全国旅游景区的平均票价上看出，其数值仅为52.97元，而上市景区企业的平均票价近200元。

传统的餐饮和商品销售的毛利率相对较低，而景区娱乐的毛利率较高。参考上市企业的数据可以发现，除了传统的索道业务保持很高的毛利率外，上市企业内部也具有较高盈利水平的增长点，比如说丽江旅游的印象演出业务、宋城演艺的“宋城千古情”。这些新业务偏向于文化和旅游的大融合，符合旅游产业发展的趋势，其经营毛利率达到了70%上下。

表18　2014年国内旅游景区类上市企业各业务收入占比

单位：%

	峨眉山A		宋城演艺		丽江旅游	
年份	2014	2013	2014	2013	2014	2013
门票	42.81	39.31	—	—	—	—
索道	29.87	27.14	—	—	43.95	43.36
演艺	—	—	91.8	91.22	34.23	34.96
酒店	15.35	19.13	—	—	12.73	15.43
其他	11.97	14.42	8.20	8.78	9.09	6.25

资料来源：申万宏源证券、上市公司公告

但值得注意的是，这几家代表性的上市公司同时还拥有自己的特色业务。宋城演艺的演艺业务营收占比90%以上，丽江旅游中“印象丽江”收入占比34.23%，而且这部分业务还具有较高的毛利率，提高了公司的盈利能力。

对于景区类企业来说，传统的门票收入和索道收入虽然能给企业带来相对稳定的收入，但由于旅游市场的竞争日趋激烈，如何改变业务单一经营，多元化自己的业务，为企业带来新的增长点是景区类企业迫切需要解决的一点。同时，减少公司对单一业务的依赖，对于平衡上市企业的收入，抵御不可控风险至关重要。

（三）旅游饭店类上市企业

1. 酒店管理公司净资产收益率较高

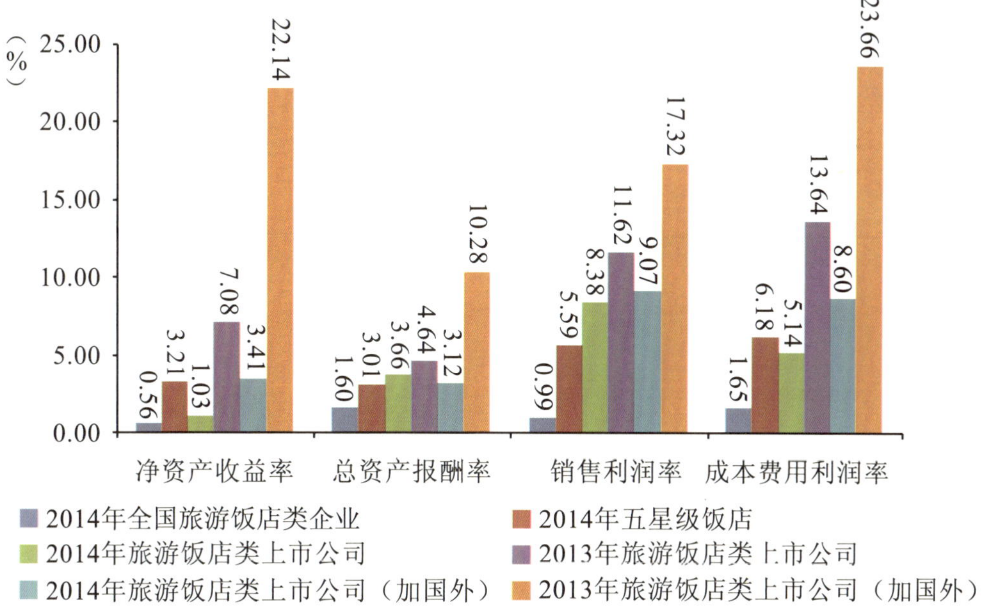

图5　旅游饭店类上市企业盈利能力

资料来源：申万宏源证券、国家旅游局、上市公司公告

表19　国内上市的旅游饭店类旅游企业盈利能力

单位：%

	净资产收益率		总资产报酬率		销售利润率		成本费用利润率	
年　份	2014	2013	2014	2013	2014	2013	2014	2013
旅游饭店平　均	1.03	7.08	3.66	4.64	8.38	11.62	5.14	13.64
新都酒店	–954.25	1.29	–104.08	0.62	–137.67	2.78	–458.28	3.87
东方宾馆	0.00	5.51	0.00	5.76	0.00	14.24	19.41	17.53
华天酒店	–6.19	7.43	0.36	3.95	–7.55	10.51	–5.92	13.05
金陵饭店	2.94	5.44	1.61	3.09	6.38	17.14	8.59	19.58
首旅酒店	10.16	11.36	8.89	9.21	6.06	5.94	6.53	6.36
锦江股份	7.47	8.79	7.81	8.45	21.77	17.50	25.68	21.40

资料来源：申万宏源证券、上市公司公告

表20　国外上市的旅游饭店类企业盈利能力

单位：%

	净资产收益率		总资产报酬率		销售利润率		成本费用利润率	
年　份	2014	2013	2014	2013	2014	2013	2014	2013
旅游饭店平均	3.41	22.14	3.12	10.28	9.07	17.32	8.60	23.66
如　家	10.82	4.68	8.32	4.91	9.97	7.69	13.30	7.40
洲　际	—	294.30	0.00	21.20	—	23.23	—	42.55

资料来源：申万宏源证券、上市公司公告

从净资产收益率指分析，旅游饭店类上市企业的收益水平参差不齐，其中，轻资产模式的酒店管理公司首旅酒店净资产收益率为10.16%，为业内最高，高于全国五星级饭店的净资产收益率近7个百分点；以经济型酒店为主的锦江股份资产收益率8.79%，位居第二。

与2013年相比，旅游饭店类上市企业的盈利能力持续下滑，原因仍然受是宏观经济增速放缓、限制公务消费等影响，使旅游饭店消费减少。其中，锦江股份2013年、2014年保持较高的销售利润率，2014年其成本与上年持平，酒店运营与管理业务略增，主要是新增21560.49万元投资收益使销售利润率增长近4.27个百分点。

我们看到如家酒店各项盈利指标均大幅回升，虽然其销售利润率仍远低于经营业态类似的锦江股份，但好于五星级饭店。

2. 轻资产经营酒店营运能力较强

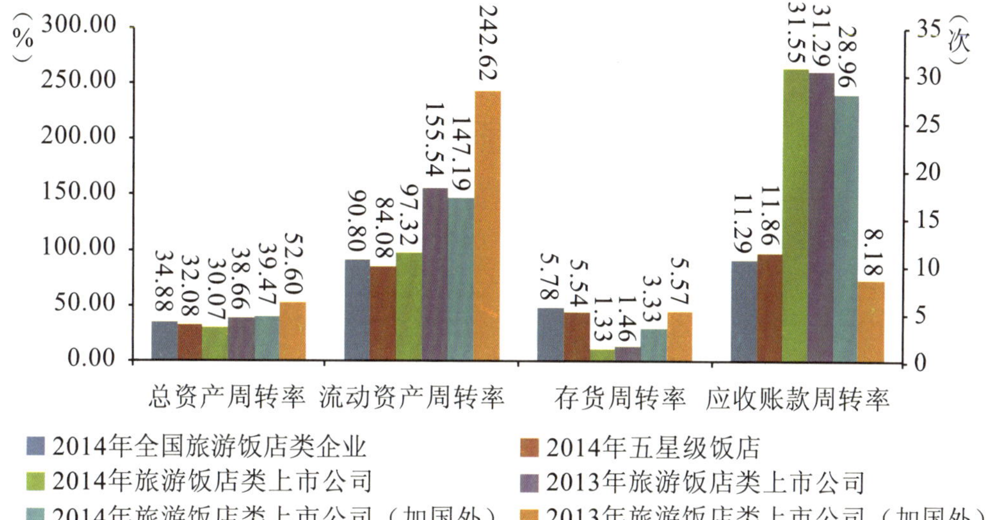

图6 旅游饭店类上市企业营运能力

资料来源：申万宏源证券、国家旅游局、上市公司公告

表21 国内上市的旅游饭店类企业营运能力

	总资产周转率（%）		流动资产周转率（%）		存货周转率（次）		应收账款周转率（次）	
年　份	2014	2013	2014	2013	2014	2013	2014	2013
旅游饭店平均	30.07	38.66	97.32	155.54	1.33	1.46	31.55	31.29
新都酒店	14.91	14.21	215.20	84.21	34.12	27.84	8.36	11.08
东方宾馆	38.64	41.60	253.78	218.68	27.03	27.29	21.13	46.58
华天酒店	16.41	22.15	49.55	66.46	0.33	0.32	19.16	23.34

续表

	总资产周转率（%）		流动资产周转率（%）		存货周转率（次）		应收账款周转率（次）	
年　份	2014	2013	2014	2013	2014	2013	2014	2013
金陵饭店	18.98	17.79	66.93	55.96	1.27	0.92	12.24	9.65
首旅酒店	125.19	136.50	528.62	475.47	113.11	108.08	137.37	56.79
锦江股份	25.64	37.90	77.19	306.13	10.64	9.13	32.95	38.78

资料来源：申万宏源证券、国家旅游局、上市公司公告

表22　国外上市的旅游饭店类企业营运能力

	总资产周转率（%）		流动资产周转率（%）		存货周转率（次）		应收账款周转率（次）	
年　份	2014	2013	2014	2013	2014	2013	2014	2013
旅游饭店平均	39.47	52.60	147.19	242.62	3.33	5.57	28.96	8.18
如　家	66.76	61.76	445.67	343.23	117.54	121.86	26.15	24.01
洲　际	—	64.44	—	324.74	—	196.00	—	4.37

资料来源：申万宏源证券、国家旅游局、上市公司公告

在营运能力方面，旅游饭店类上市企业的总资产周转率、流动资产周转率、存货周转率均低于全行业平均水平，而应收账款周转率略高于全行业数值。具体到各家旅游饭店类上市企业来看，华天酒店拉低了整个子行业的三个指标。较低的存货周转率与公司存货的增加有关，华天酒店存货增加是房地产开发成本增加96.25%所致；首旅酒店存货资产占总资产的0.72%，导致了较高的存货周转率；应收账款资产占比0.9%，导致其较高的应收账款周转率，两项指标均体现出公司较强的营运能力。

与2013年相比，2014年旅游饭店类上市企业除应收账款周转率略微上升，其余各项指标均有所下降，这与分析盈利能力时提到的宏观环境带来

的需求下降有一定关系，上市企业现金流的减少以及成本的上升降低了企业资金运转的效率。

2014年如家的营业收入为63亿元，而流动资产仅为14亿元，因此流动资产周转率高达445.67%，同时其存货的资产占比仅为0.47%，使其存货周转率高达117.54%。这些指标都体现了公司较强的营运能力。

3. 旅游饭店类企业资产负债率较高

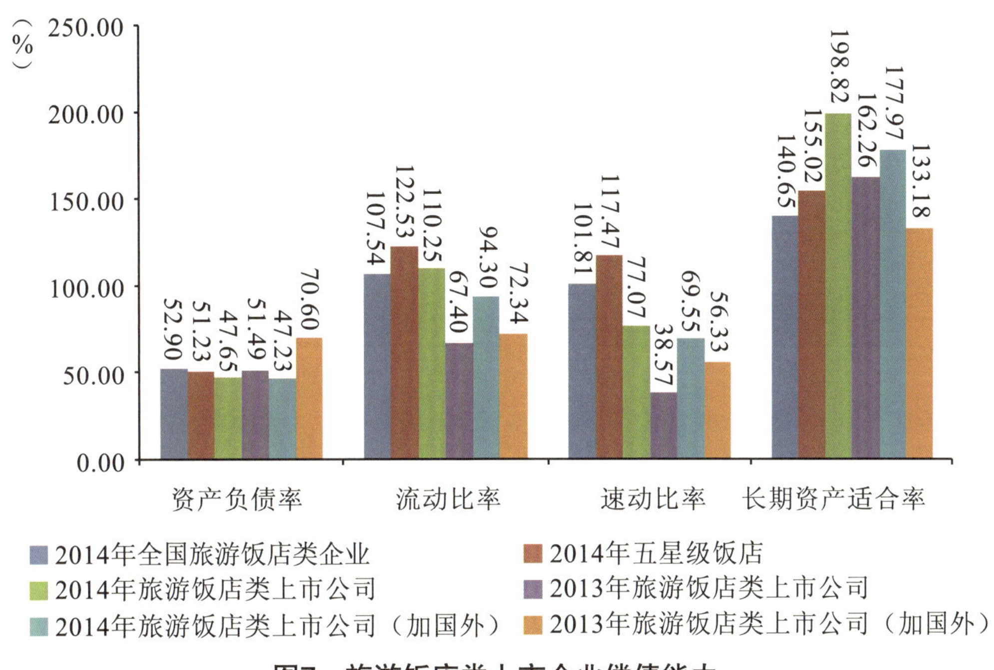

图7　旅游饭店类上市企业偿债能力

资料来源：申万宏源证券、国家旅游局、上市公司公告

表23　国内上市的旅游饭店类企业偿债能力

单位：%

	资产负债率		流动比率		速动比率		长期资产适合率	
年　份	2014	2013	2014	2013	2014	2013	2014	2013
旅游饭店平均	47.65	51.49	110.25	67.40	77.07	38.57	198.82	162.26
新都酒店	141.13	51.88	61.39	166.90	58.74	164.37	141.64	183.16

续表

	资产负债率		流动比率		速动比率		长期资产适合率	
年　份	2014	2013	2014	2013	2014	2013	2014	2013
东方宾馆	0.00	16.02	0.00	165.53	0.00	159.47	194.75	134.74
华天酒店	80.31	76.37	69.38	62.34	18.28	15.95	130.25	113.80
金陵饭店	37.82	33.24	150.00	190.69	111.96	141.30	167.96	872.46
首旅酒店	39.74	40.44	96.15	94.82	93.16	92.00	159.44	146.28
锦江股份	23.19	38.15	194.25	36.94	192.75	35.56	322.10	155.66

资料来源：申万宏源证券、上市公司公告

表24　国外上市的旅游饭店类企业偿债能力

单位：%

	资产负债率		流动比率		速动比率		长期资产适合率	
年　份	2014	2013	2014	2013	2014	2013	2014	2013
旅游饭店平均	47.23	70.60	94.30	72.34	69.55	56.33	177.97	133.18
如　家	46.02	53.92	50.52	94.81	48.93	92.55	126.60	127.27
洲　际	125.44	102.51	66.17	71.99	65.85	71.50	114.98	102.22

资料来源：申万宏源证券、上市公司公告

在偿债能力方面，上市企业与一般企业间呈现出来的特点也类似于旅游行业整体呈现出的特点：上市企业的资产负债率低，长期资产适合率高。略有不同的是上市企业的速动比率相对于该子行业中所有企业平均水平要低。

从各家旅游饭店的流动比率和速动比率来看，由于参与房地产开发，华天酒店的资产负债高于行业总体值；华天酒店2014年短期借款及长期借款当期到期部分共计10亿元，使其流动比率、速动比率均低于行业值；锦江股份定增20亿元收购卢浮集团导致所有者权益增加，因此长期资产适合率远高于行业总体值。

各家上市企业在2014年流动比率和速动比率都出现了普遍上升，显示了上市企业在短期偿债能力上有一定幅度的增强。其中，锦江股份流动比率和速动比率出现较大上升是因为定增20亿元使公司货币资金增加、短期借款减少5.3亿元导致，进而其资产负债率也下降近15个百分点。

加入国外上市公司后，旅游饭店类总体资产负债率、流动比率、速动比率、长期资产适合率均下降，其中长期资产适合率下降较多，这说明国外上市企业的偿债能力略低于国内，短期偿债能力与国内差别不大。

4. 星级饭店销售增长率持续下滑

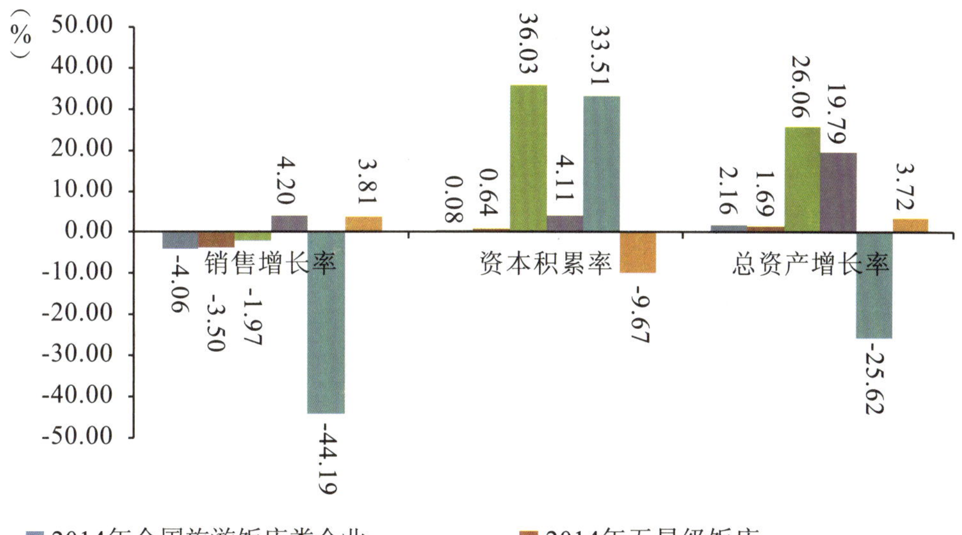

图8　旅游饭店类上市企业增长能力

资料来源：申万宏源证券、国家旅游局、上市公司公告

表25　国内上市的旅游饭店类企业增长能力

单位：%

	销售增长率		资本积累率		总资产增长率	
年　份	2014	2013	2014	2013	2014	2013
旅游饭店平均	-1.97	4.20	36.03	4.11	26.06	19.79
新都酒店	-19.81	19.81	-165.35	1.30	-23.55	20.28
东方宾馆	-4.70	-3.68	0.00	4.95	0.00	2.74
华天酒店	-14.97	8.26	-8.66	6.28	13.30	19.79
金陵饭店	14.59	-11.85	1.18	2.88	7.41	21.97
首旅酒店	-5.87	-2.51	7.19	5.97	2.64	-3.72
锦江股份	8.52	14.92	100.27	2.29	60.42	30.87

资料来源：申万宏源证券、上市公司公告

2014年全国旅游饭店类企业包括上市企业总体的销售增长率呈现负增长，其中上市旅游饭店类企业销售增长率比2013年下降了6.17个百分点，这与全行业的趋势一致。具体来看，金陵饭店2014年实现了14.59%的销售增长率，转负为正，比2013年增加了26.44个百分点，主要源于公司酒店业绩好转，实现3.51亿元，比上年同期增长8.8%，以及新增的房屋租赁及物业管理收入。锦江股份经济型酒店运营与餐饮收入持续稳定增长，连锁酒店实现收入26.36 亿元，同比增长9.4%，餐饮食品实现收入2.77 亿元，同比增长0.9%。从而总体上实现8.52%的销售增长率。

上市企业2014年整体的资本积累率明显好于全行业数据，且较2013年有大幅提高；总资产增长率大幅高于行业数值，并较2013年有所上升。

具体来看，各上市企业的总资产增长率差距较大，首旅酒店总资产增长率由负转正，锦江股份的总资产增长率大幅上升。从公司的业务来看，总资产增长率较高的公司往往采取了扩张业务、加快开店的经营策略，因而总资产上升的速度比较快。可见在旅游饭店行业，总资产增加的快慢程度与公司采取的策略有很大的关系。

表26　国外上市的旅游饭店类旅游企业增长能力

单位：%

	销售增长率		资本积累率		总资产增长率	
年　份	2014	2013	2014	2013	2014	2013
旅游饭店平均	-44.19	3.81	33.51	-9.67	-25.62	3.72
如　家	5.21	10.06	12.30	10.74	-2.67	7.80
洲　际	—	0.59	—	-541.63	—	-13.92

资料来源：申万宏源证券、上市公司公告

5. 星级饭店入住率仍有下滑态势

表27　旅游饭店类上市企业平均出租率与平均房价

		金陵饭店	华天酒店	东方宾馆	锦江股份	首旅（民族）	首旅（京伦）	全国
2014	客房出租率（%）	—	—	—	80.61	64.48	65.38	54.94
	平均房价（元）	—	—	—	182.42	712.36	568.43	351.79
2013	客房出租率（%）	72.18	—	—	83.18	71.07	66.77	55.60
	平均房价（元）	835.87	—	—	179.79	729.65	593.83	346.20
2012	客房出租率（%）	74.3	82.27	72.75	84.43	75.99	75.58	60.21
	平均房价（元）	876.83	462.21	612.47	180.87	680.2	595.04	324.57

资料来源：申万宏源证券、国家旅游局

从上表中可以看到，上市企业的平均客房出租率水平高于全国平均水平，但较2013年有所下滑。从平均房价来看，各家上市企业的平均房价也是远高于全国旅游饭店类企业的平均水平。其中，金陵饭店的平均房价遥遥领先。以经济型连锁酒店为主的锦江股份平均出租率与平均房价与上年基本持平，这也体现了其业态较强的抗风险能力。同时，与全国五星级饭店平均客房出租率55.07%、平均房价666.3元相比，2014年上市星级饭店客房出租率明显低于全国五星级饭店的客房出租率，而平均房价则与全国五星级饭店基本持平。

（四）旅行社类上市企业

1. 资源掌控型旅行社企业盈利能力较强

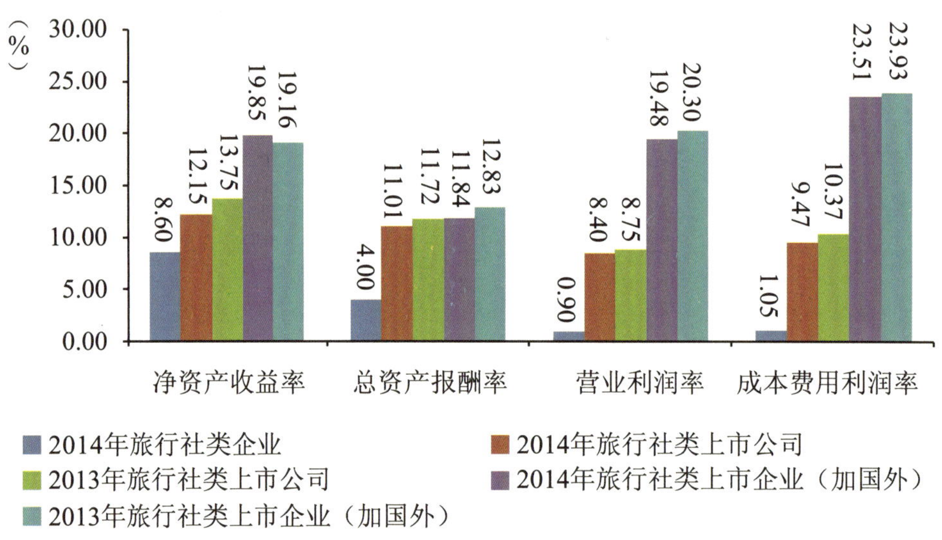

图9　旅行社类上市企业盈利能力

资料来源：申万宏源证券、国家旅游局、上市公司公告

表28　国内上市的旅行社类企业盈利能力

单位：%

	净资产收益率		总资产报酬率		销售利润率		成本费用利润率	
年　份	2014	2013	2014	2013	2014	2013	2014	2013
旅行社平均	12.15	13.75	11.01	11.72	8.40	8.75	9.47	10.37
中青旅	9.90	11.07	8.23	8.48	5.96	5.25	6.77	7.23
中国国旅	15.35	17.65	15.28	17.03	11.05	10.85	12.64	12.67
国旅联合	-44.16	2.31	-15.67	6.79	-185.51	34.58	-97.97	18.38
腾邦国际	10.96	8.35	8.35	8.06	33.04	30.14	55.51	47.66
众信旅游	25.09	35.40	16.74	19.25	3.42	3.83	3.66	4.04

资料来源：申万宏源证券、上市公司公告

表29　国外上市的旅行社类企业盈利能力

单位：%

	净资产收益率		总资产报酬率		销售利润率		成本费用利润率	
年　份	2014	2013	2014	2013	2014	2013	2014	2013
旅行社平均	19.85	19.16	11.84	12.83	19.48	20.30	23.51	23.93
携　程	2.69	13.29	1.48	7.74	-2.05	15.54	2.97	26.39
艺　龙	-14.41	-8.41	-9.22	-4.26	-31.34	-17.04	-18.33	-9.17
Expedia	20.26	10.52	6.72	5.24	10.15	8.87	8.97	7.06
Tripadvisor	22.72	25.82	19.29	21.27	27.29	30.12	35.54	43.79
Priceline	31.30	35.03	24.25	27.97	36.41	34.29	55.68	52.42

资料来源：申万宏源证券、上市公司公告

从盈利能力来看，旅行社类上市企业在四个指标上都大幅高于总体的平均水平，体现了旅行社类上市企业良好的盈利能力。其中，专注旅游产品批发、零售及会展业务的众信旅游净资产收益率最高，2014年为25.09%；其次，多元化业态的中国国旅、腾邦国际2014年净资产收益率分别为15.35%、10.96%。从销售利润率来看，由于腾邦国际将票务佣金确认为营业收入，导致其较高的销售利润率；而以销售产品营业额确认收入的众信旅游则利润率较低，同时以同样准则确认收入的中青旅、中国国旅的销售利润率却显著高于众信旅游，这是由于其涉足了利润率较高的景区业务、免税业务而拉高了整体的利润率水平。

对比2013年，除国旅联合外，各上市公司的盈利能力指标大致持平。值得一提的是，国旅联合2011年以来，收入持续下降、成本持续上升，虽然于2013年扭亏，但是2014年四项指标均为负，较2013年有较大幅下降，急待旅游演艺事业、文化体育布局带来新的增长点。

加入国外上市公司后各项盈利能力指标均有所上升，这是由于Tripadvisor和Priceline高盈利能力对总体指标的提升作用。Tripadvisor和Priceline都是属于轻资产类的公司，其中Tripadvisor 2014年近70%的收入来源于通过点击率带来的广告收入，全年净利润为2.26亿美元，其网站覆盖世界190个国家和地区的旅游饭店、旅游景区和餐厅，拥有超过7800万的注册会员以及超过2亿条旅游点评和评论，每月独立访问量超过3.15亿，2014全年独立访客量超过2.5亿。Priceline 自成立以来应收持续增长，成本费用控制严格，提高了运营效率，海外有效并购整合的布局贯穿始终，稳步增强其盈利能力，领先全行业。

2. 旅行社混业经营、营运能力相差较大

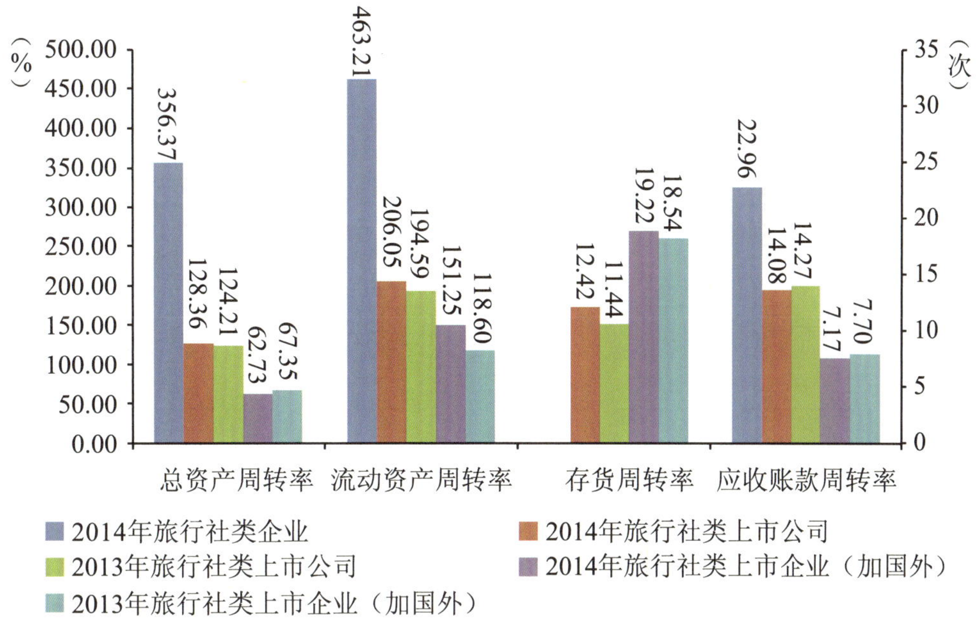

图10　旅行社类上市企业营运能力

资料来源：申万宏源证券、国家旅游局、上市公司公告

表30　国内上市的旅行社类企业营运能力

	总资产周转率（%）		流动资产周转率（%）		存货周转率（次）		应收账款周转率（次）	
年　份	2014	2013	2014	2013	2014	2013	2014	2013
旅行社平均	128.36	124.21	206.05	194.59	12.42	11.44	14.08	14.27
中青旅	119.47	112.79	300.81	259.28	12.20	9.85	8.40	8.31
中国国旅	135.61	134.62	182.50	174.48	9.92	10.21	22.55	23.11
国旅联合	12.11	11.25	62.99	28.95	6.85	6.20	17.39	20.01
腾邦国际	21.79	25.55	29.53	40.32	—	—	2.42	2.57
众信旅游	393.34	444.27	431.82	458.96	—	—	25.60	30.50

资料来源：申万宏源证券、上市公司公告

表31　国外上市的旅行社类企业营运能力

	总资产周转率（%）		流动资产周转率（%）		存货周转率（次）		应收账款周转率（次）	
年　份	2014	2013	2014	2013	2014	2013	2014	2013
旅行社平均	62.73	67.35	151.25	118.60	19.22	18.54	7.17	7.70
携　程	23.48	25.87	43.02	37.50	—	—	1.73	1.98
艺　龙	35.66	38.41	43.12	43.77	—	—	2.27	3.77
Expedia	63.89	61.65	197.08	214.99	—	—	5.99	6.11
Tripadvisor	63.60	64.13	166.80	149.88	—	—	6.77	6.59
Priceline	56.50	65.04	160.27	90.81	—	—	10.27	10.56

资料来源：申万宏源证券、上市公司公告

从营运能力来看，在总资产周转率、流动资产周转率以及应收账款周转率方面，上市企业的周转速度均慢于同类企业的平均水平，主要是上市综合旅游类企业同时涉足景区运营、免税品销售等其他业态，总资产规模较大，较高的总资产水平拉低了公司的资金周转效率，而行业内旅行社大部分属于轻资产类型的企业。腾邦国际由于佣金制的收入确认准则，使其较小的收入规模却呈现出较低的资产周转率。

对比2013年的情况，上市类企业的各项营运能力指标基本持平。其中，由于新增短期借款611.9万元，2014年众信旅游总资产、流动资产周转率都同比有所下降。

加入国外综合旅游类上市公司后，总资产周转率、流动资产周转率以及应收账款周转率均出现下滑，由于国外综合旅游类企业存货项目少，在此没有计算存货周转率，所以该指标的比较不作考虑。国外综合旅游类上市公司的营运能力各项指标平均水平明显低于国内，这主要是因为以Expedia、Tripadvisor、Priceline为代表的国外旅行社类上市企业多采用佣金制的收入确认准则，导致账面收入规模较小。

3. 上市旅行社类企业资产负债率、流动比率指标较优

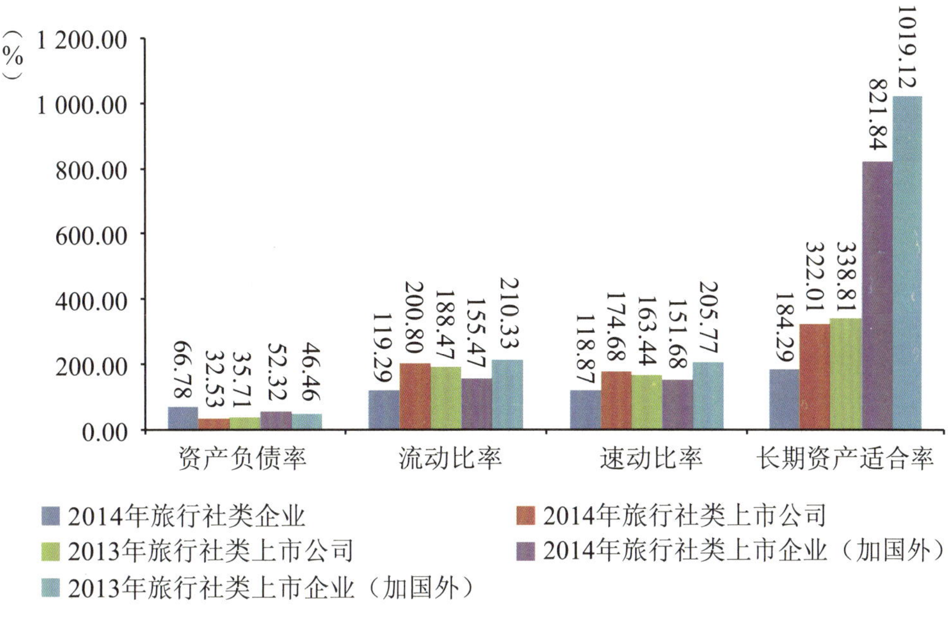

图11　旅行社类上市企业偿债能力

资料来源：申万宏源证券、国家旅游局、上市公司公告

表32　国内上市的旅行社类企业偿债能力

单位：%

	资产负债率		流动比率		速动比率		长期资产适合率	
年　份	2014	2013	2014	2013	2014	2013	2014	2013
旅行社平均	32.53	35.71	200.80	188.47	174.68	163.44	322.01	338.81
中青旅	36.57	50.99	113.77	93.07	91.31	73.41	166.01	132.46
中国国旅	26.59	25.12	282.49	307.48	242.93	267.45	597.91	1 266.54
国旅联合	59.53	56.20	65.29	79.93	64.27	79.30	124.55	106.67
腾邦国际	40.85	17.98	181.99	375.12	181.99	375.12	704.68	769.57
众信旅游	45.72	57.00	199.22	169.82	199.14	169.82	9 451.40	4 787.79

资料来源：申万宏源证券、上市公司公告

表33 国外上市的旅行社类企业偿债能力

单位：%

	资产负债率		流动比率		速动比率		长期资产适合率	
年 份	2014	2013	2014	2013	2014	2013	2014	2013
旅行社平均	52.32	46.46	155.47	210.33	151.68	205.77	821.84	1 019.12
携 程	66.83	58.07	134.31	225.59	16.18	225.59	293.44	643.39
艺 龙	39.04	25.02	215.70	351.89	17.14	351.89	887.24	1 407.44
Expedia	72.80	66.10	69.85	67.37	16.52	67.37	759.43	805.75
Tripadvisor	42.57	41.31	196.06	259.50	21.37	259.50	710.26	1 428.32
Priceline	42.66	33.84	381.70	541.41	33.84	541.41	6 241.06	6 412.53

资料来源：申万宏源证券、上市公司公告

从企业偿债能力指标来看，旅行社类上市企业的资产负债率低于行业平均水平；而流动比率、速动比率以及长期资产适合率则高于行业水平。其中，中国国旅资产负债率低，流动比率、速动比率和长期资产适合率都远高于行业平均水平，表现出较好的短期偿债能力；另外值得注意的是国旅联合的资产负债率高，流动比率、速动比率、长期资产适合率均低于旅行社类上市企业的平均水平，体现出公司较大的资金压力。

与2013年相比，旅行社上市企业的短期偿债能力有小幅上升，资产负债率状况改善，长期资产适合率下降，长期偿债能力有所下降。其中长期偿债能力的下降，主要是中国国旅新增的投资性房地产、固定资产导致其资产增加所致。

加入国外上市旅行社企业后，其资产负债率、长期资产适合率上升，流动比率、速动比率下降，说明短期偿债能力较弱，长期偿债能力较强。对比艺龙和Expedia两家公司，艺龙的资产负债率比较低，而Expedia则比较高，导致二者长短期偿债能力差异比较明显。艺龙公司的长短期偿债能力都远远高于总体平均水平，体现出较好的资金周转效率，而Expedia的偿债能力则大幅度落后于总体平均水平。

4. 旅行社企业丰富主业实现高增长

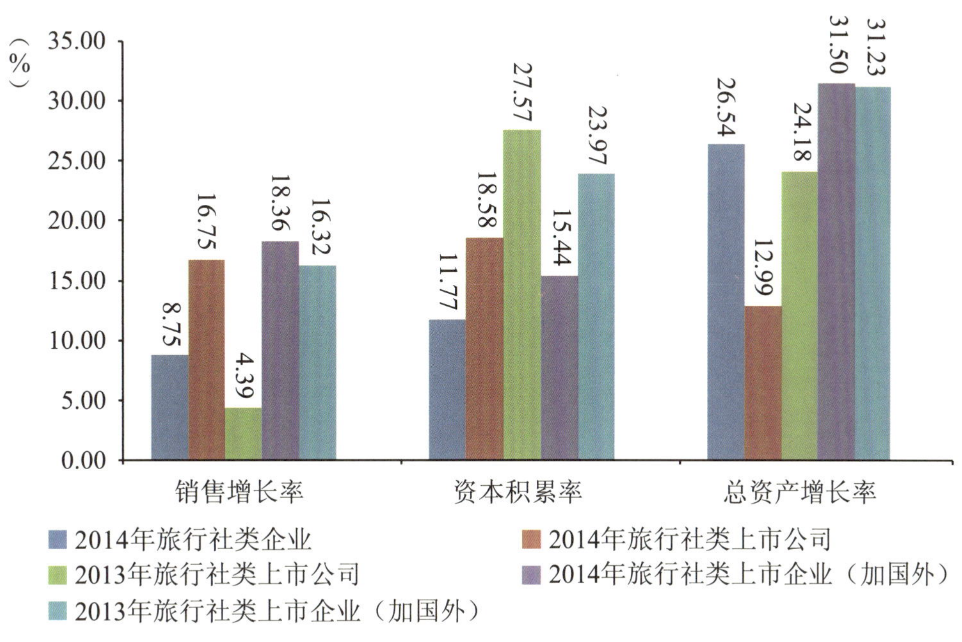

图12　旅行社类上市企业增长能力

资料来源：申万宏源证券、国家旅游局、上市公司公告

表34　国内上市的旅行社类企业增长能力

单位：%

	销售增长率		资本积累率		总资产增长率	
年　份	2014	2013	2014	2013	2014	2013
旅行社平均	16.75	4.39	18.58	27.57	12.99	24.18
中青旅	13.86	-9.38	50.93	2.15	7.49	6.19
中国国旅	14.26	8.15	11.39	61.86	13.42	45.14
国旅联合	-25.31	-21.16	-36.17	2.33	-30.62	-9.14
腾邦国际	29.90	38.18	11.22	8.11	52.36	14.96
众信旅游	40.32	39.78	98.04	43.01	58.49	29.15

资料来源：申万宏源证券、上市公司公告

表35　国外上市的旅行社类企业增长能力

单位：%

	销售增长率		资本积累率		总资产增长率	
年　份	2014	2013	2014	2013	2014	2013
旅行社平均	18.36	16.32	15.44	23.97	31.50	31.23
携　程	36.39	29.53	656.01	24.57	50.30	78.40
艺　龙	7.57	35.67	48.21	−3.34	15.88	6.40
Expedia	21.23	14.83	13.05	6.12	0.00	5.62
Tripadvisor	32.38	20.10	13.67	13.31	0.00	9.07
Priceline	24.72	25.25	21.79	39.47	0.00	35.15

资料来源：申万宏源证券、上市公司公告

从增长能力来看，上市旅行社类企业的销售增长率、资本积累率均高于行业水平，总资产增长率低于行业水平。各上市企业的年度指标波动较大，这主要源于公司当年的业务结构变化。国旅联合自2011年以来，收入持续下降，三项指标均为负，显示出较弱的增长能力；而专注在线旅游票务及会展业务的腾邦国际，专注出境游产品批发、零售及会展业务的众信旅游近两年则分别实现近30%、40%的高增长。

与2013年相比，上市旅行社类企业的销售增长率出现上升。具体来看，中青旅借力乌镇、古水北镇、“遨游网+”O2O战略升级，线上线下齐发力，2014年三项指标均有较大提升。此外，由于众信旅游2014年上市，资产规模翻倍，因此其2014年资本积累率、总资产增长率的大幅上升，带动了行业总体数值的提高。国旅联合自2011年以来，收入持续下降，各项指标大幅下降。

加入国外上市的旅行社类企业后，行业销售增长率提升。近两年由于自助游、度假游的兴起，在线旅游企业需求旺盛，携程在线旅游服务上持续两年实现近30%上下的高速增长。

5. 出境游产品占比持续提升，总体毛利率有所提升

表36 2014年旅行社类上市旅游企业业务占比

单位：%

		入境旅游收入比率	国内旅游收入比率	出境旅游收入比率
	旅行社平均	2.92	51.40	40.94
2014	中青旅	—	—	70.00
	中国国旅	3.80	16.44	31.96
	众信旅游	—	—	83.83
2013	中青旅	8.60	40.90	50.40
	中国国旅	3.81	17.69	34.89
	众信旅游	—	—	80.85
2012	中青旅	14.16	29.00	57.09
	中国国旅	6.63	21.14	32.29
	众信旅游	—	—	79.41

资料来源：申万宏源证券、上市公司公告

表37 2014年旅行社类上市旅游企业业务毛利率

单位：%

		自联入境旅游收入毛利率	国内旅游收入毛利率	出境旅游收入毛利率
	旅行社平均	7.74	6.56	6.92
2014	中青旅	—	—	—
	中国国旅	13.80	7.46	5.66
	众信旅游	—	—	8.95
2013	中青旅	—	3.70	6.70
	中国国旅	16.80	6.58	5.76
	众信旅游	—	—	10.21
2012	中青旅	11.14	7.49	7.43
	中国国旅	16.27	4.60	7.34
	众信旅游	—	—	10.06

资料来源：申万宏源证券、上市公司公告

对比三家以旅行社业务为主的上市企业财务数据可以看出，全国旅行社业务收入主要集中在国内游，而上市旅行社业务则集中在出境旅游，众信旅游的出境旅游产品收入甚至占到其总收入的83.83%。从毛利率来看，中国国旅各类旅游业务的毛利率水平都高于全国平均水平；众信旅游的出境游批发产品的毛利率为8.95%。入境旅游的毛利率水平是最高的，但可以看到，入境游业务无论是在两家上市公司样本中还是在全国旅行社平均水平中占比都是最低的。

另外，中青旅、中国国旅的盈利能力远高于同类企业，不仅仅是因为两家企业在出入境旅游和国内旅游业务方面有高毛利率，两家企业其他的业务，如中青旅的乌镇项目和中国国旅的免税业务，对公司整体的盈利水平贡献是非常大的。传统的旅行社行业集中度低、盈利能力有限，年内上市的民营旅行社众信旅游专注出境游产品的批发、零售及会展业务，其对接资本市场后，有望借助资本的力量及其成熟的管理模式通过收购兼并快速提升自己的市场占有率。

（五）其他类上市企业

在旅游行业，还有一些主营业务种类不同于上述传统业务的上市公司，主要是华侨城、九龙山和西安旅游。华侨城营业收入首次突破300 亿元，同比上升9.1%；净利润48 亿，同比上升8.3%；主营业务收入中，旅游业务占到了49.32%，地产收入占48.54%，公司的欢乐谷、东部华侨城属于行业内比较有发展潜力的主题公园类项目，同时公司计划投资文化演艺，进一步加大旅游服务相关的业务占比。九龙山旅游度假区的高尔夫、游艇、马会、赛车、赛马等俱乐部已建设完成并稳健运营，陆续承办了诸多赛事及品牌推广活动，从而大大增加了度假区内的人流量。公司在2014年积极转型，聚焦景区运营，由此，营收下滑主要源于本期无地产销售，扣除该部分，实际增长117%；净利增长来自于处置主要地产子公司。西安旅游未来将以品牌连锁酒店、旅行社、商业地产开发租赁和旅游景区度假开发为主，或将转变为综合类旅游企业。

1. 盈利能力

表38　其他类上市旅游企业盈利能力

单位：%

	净资产收益率		总资产报酬率		销售利润率		成本费用利润率	
年　份	2014	2013	2014	2013	2014	2013	2014	2013
平　均	16.32	16.78	7.94	7.64	23.28	22.28	43.75	39.45
华侨城A	18.37	20.14	9.27	9.22	23.93	23.02	45.84	41.07
九龙山	2.67	1.68	2.63	2.48	−27.59	−78.10	30.67	26.88
西安旅游	−4.65	3.05	−3.34	3.21	−3.12	1.35	−2.74	2.95

资料来源：申万宏源证券、上市公司公告

2014年，其他类上市企业总体的盈利能力较上年略有上升。其中，华侨城的盈利能力各项指标均处于行业领先位置，并且相对稳定，这主要得益于华侨城旅游综合服务业务、房地产业务、包装印刷业务的稳定发展。九龙山2014年转型，各项指标均有不同程度的上升。西安旅游主业继续承压，酒店收入同比下降16.6%，净利润为负是西安秦颐餐饮管理有限公司股权转让收益等综合影响所致，三项指标大幅下降，均表现出为负增长。

2. 营运能力

表39　其他类上市旅游企业营运能力

	总资产周转率（%）		流动资产周转率（%）		存货周转率（次）		应收账款周转率（次）	
年　份	2014	2013	2014	2013	2014	2013	2014	2013
平　均	31.83	31.65	46.80	48.14	0.30	0.29	57.91	71.28
华侨城A	32.38	32.04	47.09	48.06	0.30	0.29	58.59	72.50
九龙山	0.92	2.44	1.72	5.50	0.02	0.04	21.00	4 827.74
西安旅游	121.20	104.47	410.26	310.69	232.89	145.04	40.36	39.46

资料来源：申万宏源证券、上市公司公告

2014年，其他类上市企业的资金周转效率同比基本持平。具体来看，华侨城、九龙山、西安旅游多数的营运能力指标相对稳定。其中，九龙山总资产、流动资产、存货以及应收账款周转率下滑，最直接的原因就是公司的营业收入与2013年相比下滑53.73%；另外，西安旅游营业收入同比上涨4%，而货币资金的大幅减少使得流动资产同比减少21.3%，因此导致流动资产周转率上升到410.26%。

3. 偿债能力

表40　其他类上市旅游企业偿债能力

单位：%

	资产负债率		流动比率		速动比率		长期资产适合率	
年　份	2014	2013	2014	2013	2014	2013	2014	2013
平　均	65.20	67.37	157.69	133.07	49.93	28.74	339.53	299.57
华侨城A	66.01	68.53	159.18	133.67	49.93	28.50	334.10	295.13
九龙山	49.29	39.89	119.67	111.12	43.27	23.53	1 266.76	862.51
西安旅游	24.24	27.88	126.95	121.69	124.88	119.51	163.42	156.58

资料来源：申万宏源证券、上市公司公告

与2013年相比，其他类上市企业2014年短期、长期偿债能力均有所增强。具体来看，华侨城房地产业务占比较高，从而对资金需求大，2014年一年内到期非流动负债、长期借款增加、应付债券增加，因而其资产负债率维持在66%；九龙山流动资产同比增长31.72%，导致其流动比率、速动比率上升，长期借款增加1.5个亿导致其长期资产适合率大幅上升；西安旅游资产负债率下降，流动、速动比率上升，长期资产适合率上升，说明其偿债能力略有增强。

4. 增长能力

表41 其他类上市旅游企业增长能力

	销售增长率		资本积累率		总资产增长率	
年　份	2014	2013	2014	2013	2014	2013
平　均	8.84	24.19	15.44	23.97	8.22	19.33
华侨城A	9.10	26.35	17.84	19.79	7.96	20.38
九龙山	–54.17	–48.52	2.68	1.62	20.82	–3.73
西安旅游	4.15	–21.11	–5.79	2.22	–10.29	2.59

资料来源：申万宏源证券、上市公司公告

2014年，其他类旅游类上市企业的销售增长率、资本积累率、总资产增长率三项指标均下降。其中华侨城A销售增长率的下降是由于2014年房地产收入增幅较小。西安旅游的销售增长率转负为正主要是旅行社收入增加所致。九华山持续呈现负增长，主要是因为本期无地产销售导致营收继续下滑。

三、总体分析与结论

纵观2014年，旅游业弱复苏，资本运作频繁，国内旅游36.11亿人次、同比上涨10.67%，旅游收入3.38万亿元、同比上涨14.7%。休闲旅游特征日益鲜明，出境游持续快速增长，在线旅游、免税购物和旅游演艺等蓬勃发展；自然景区恢复性增长，而餐饮、旅游饭店和传统旅行社则持续承压。

目前，国内上市旅游企业以国有企业为主，旅游行业内的国有企业改革应走在全国的前列，做一些大胆的探索。旅游主管部门应积极推动整合优质资源，建立大型旅游控股集团，运用多层次的资本市场，为优质企业实现与资本的对接。通过资产证券化、并购基金等模式加大旅游业的投资规模，引入战略投资者市场化运作，提升旅游项目的投资回报率，吸引更多的资金关注旅游业，形成良性循环，以实现旅游业真正的崛起。对于已设立省级旅游集团的地区，应打破大集团小公司的模式，积极推进企业体外优质资产注入，做大企业资产规模。鼓励企业管理者持股，完善绩效与经营指标的考核体系，进一步提升企业盈利能力，真正打造出几个具有代表性的区域旅游集团。

同时，鼓励已上市传统旅游景区企业打破地域限制，加快外延式扩张，多元化布局，打通产业链，做大企业规模。鼓励酒店集团通过收购兼并做大资产规模，做大委托经营管理规模，真正培育出几家具有国际影响力的酒店集团。旅游景区、主题公园、邮轮产业实现扩张均需要较大的资本投入，因此，应推进符合条件的旅游景区、主题公园、邮轮企业登主板及中小板市场，借助资本实现快速扩张。

综上分析可以看出，现阶段旅游行业需求旺盛，优质产品仍供不应求，在深挖企业价值、多元化经营、提升盈利能力的同时更要加快旅游企业与资本的对接，通过多层次的资本市场，为旅游企业扩宽融资渠道，把握旅游行业蕴含着的巨大发展机遇，助力旅游企业跨越式发展，实现旅游业的崛起。

行 业 数 据

2014 年度全国旅游行业经济效益

地　区	财务效益				资产营运状况		
	净资产收益率(%)	总资产报酬率(%)	营　业利润率(%)	成本费用利润率(%)	总资产周转率(%)	流动资产周转率(%)	存　货周转率(次)
全　国	3.91	3.52	3.65	4.77	54.19	126.60	2.06
北　京	4.21	4.16	2.48	2.81	109.50	245.87	13.54
天　津	2.82	1.72	2.56	2.76	62.49	174.79	7.49
河　北	0.08	1.46	–0.08	0.74	43.10	93.18	2.15
山　西	–5.22	–1.78	–5.61	–4.39	48.54	131.13	3.94
内蒙古	–2.08	–0.01	–5.66	–3.98	23.53	69.45	3.59
辽　宁	–0.74	0.21	–0.49	–0.12	70.39	176.41	5.13
吉　林	–0.01	0.86	1.49	2.38	26.33	78.62	1.80
黑龙江	0.80	1.03	–3.18	3.14	23.01	179.58	10.56
上　海	7.72	5.60	5.67	6.81	71.11	175.39	6.24
江　苏	1.12	1.74	–0.91	1.97	35.90	81.25	1.40
浙　江	2.85	2.92	2.72	4.22	41.15	95.60	1.51
安　徽	1.41	3.04	3.52	5.49	31.52	86.92	0.69
福　建	2.65	2.83	2.15	2.79	67.19	158.65	3.00
江　西	1.13	0.86	1.00	1.15	49.74	119.90	2.49
山　东	1.50	1.93	1.53	2.74	44.90	144.40	2.88

评价主要财务指标表（全部旅游企业）

	偿债能力状况				发展能力状况		
应收账款周转率（次）	资产负债率(%)	流动比率(%)	速动比率(%)	长期资产适合率(%)	销售增长率(%)	资本积累率(%)	总资产增长率(%)
16.16	56.53	114.74	91.40	173.69	6.03	9.52	10.94
15.14	58.06	89.68	80.93	140.49	3.77	14.22	6.88
8.31	46.74	95.96	90.92	162.76	0.19	1.13	-1.57
8.90	54.49	133.88	123.18	151.23	-3.64	1.86	15.94
9.94	54.86	77.63	74.28	123.01	-0.55	6.65	2.03
6.01	42.63	95.62	90.43	210.69	-5.90	55.42	27.52
36.24	48.29	141.18	137.46	156.13	10.00	5.70	-2.47
15.30	40.50	161.16	139.21	147.10	3.03	30.62	30.01
12.05	20.88	81.82	78.68	326.72	12.10	1.26	1.42
23.69	52.47	107.30	101.17	152.62	13.44	14.83	23.98
12.06	63.65	114.90	93.04	187.16	9.11	5.00	13.96
22.04	61.22	114.55	88.49	168.87	-1.65	6.60	8.29
13.99	60.85	117.59	65.79	189.37	9.17	10.54	15.41
15.66	56.12	118.68	102.87	186.42	8.93	4.91	8.00
10.42	53.62	107.56	97.00	164.83	0.53	1.85	2.69
13.14	51.00	93.11	82.97	166.60	6.37	2.11	4.34

地　区	财务效益				资产营运状况		
	净资产收益率(%)	总资产报酬率(%)	营　业利润率(%)	成本费用利润率(%)	总资产周转率(%)	流动资产周转率(%)	存　货周转率(次)
河　南	1.85	2.61	3.43	4.09	34.30	109.56	3.06
湖　北	2.87	2.51	2.14	3.54	46.94	155.39	2.99
湖　南	4.86	4.52	4.52	5.01	70.07	224.56	5.39
广　东	12.73	7.55	11.16	13.27	56.24	92.26	0.62
广　西	1.12	1.98	1.32	2.03	35.48	89.56	2.50
海　南	14.93	11.24	15.86	19.30	67.22	114.76	3.58
重　庆	0.46	1.36	−0.62	0.93	36.57	102.45	1.44
四　川	1.67	2.48	2.26	2.77	37.26	87.53	2.21
贵　州	1.30	1.33	2.68	3.61	25.98	72.32	5.52
云　南	2.48	2.48	2.68	4.01	42.16	103.97	1.35
陕　西	2.94	2.87	0.19	3.53	31.28	61.09	1.42
甘　肃	0.16	1.29	−0.33	1.00	27.60	83.64	1.66
青　海	1.18	1.47	−6.32	2.49	32.00	73.11	7.44
宁　夏	4.99	4.29	7.27	9.51	36.24	114.30	6.48
新　疆	−4.57	−1.44	−7.80	−5.99	32.41	97.99	3.62
西　藏	—	—	—	—	—	—	—

续表

	偿债能力状况				发展能力状况		
应收账款周转率(次)	资产负债率(%)	流动比率(%)	速动比率(%)	长期资产适合率(%)	销售增长率(%)	资本积累率(%)	总资产增长率(%)
7.89	50.92	85.53	75.22	147.55	1.10	3.45	6.62
17.90	57.01	79.71	71.03	165.09	4.85	7.93	8.27
20.70	48.74	114.64	107.20	177.03	–3.59	5.10	7.86
37.67	63.12	150.82	73.15	231.93	10.49	10.73	8.61
9.93	48.79	116.68	105.35	179.73	5.89	3.16	4.87
22.84	40.72	157.83	140.80	275.28	11.21	6.26	7.20
14.96	64.40	118.94	94.53	224.90	18.01	14.78	16.17
24.75	57.95	138.85	120.47	153.35	2.34	4.59	3.55
19.05	52.65	166.48	161.71	347.24	–2.50	7.86	14.20
16.86	48.67	113.18	91.49	162.56	0.71	9.08	8.39
4.56	55.95	133.09	109.60	172.83	2.39	10.77	14.29
5.77	48.70	70.78	54.96	112.48	–6.41	1.96	6.81
7.25	46.55	170.17	166.14	162.54	–14.97	5.98	6.49
15.77	43.46	144.33	139.40	166.03	–1.51	16.35	12.93
12.07	50.38	90.45	78.38	117.46	–12.57	–2.60	0.75
—	—	—	—	—	—	—	—

2014年度全国旅游行业经济效益

地 区	财务效益				资产营运状况		
	净资产收益率(%)	总资产报酬率(%)	营业利润率(%)	成本费用利润率(%)	总资产周转率(%)	流动资产周转率(%)	存货周转率(次)
全 国	8.60	4.00	0.90	1.05	356.37	463.21	—
北 京	6.41	3.36	0.67	0.83	363.80	421.99	—
天 津	3.49	1.78	0.41	0.46	388.83	499.92	—
河 北	7.11	4.80	0.97	1.10	430.05	448.98	—
山 西	6.33	3.79	0.91	0.96	388.37	469.27	—
内蒙古	2.97	2.47	0.93	1.17	169.33	247.55	—
辽 宁	18.55	9.69	1.21	1.22	780.15	937.22	—
吉 林	1.19	1.23	0.22	0.48	193.35	214.26	—
黑龙江	7.56	5.61	1.14	1.21	446.69	502.28	—
上 海	15.19	4.49	1.67	1.81	245.44	329.26	—
江 苏	4.74	2.97	0.43	0.60	392.37	626.23	—
浙 江	-1.24	0.86	-0.24	0.05	367.51	502.88	—
安 徽	7.59	5.16	0.91	1.09	456.68	558.56	—
福 建	8.81	5.23	0.94	1.07	472.60	674.02	—
江 西	1.39	1.42	0.22	0.27	307.45	424.19	—
山 东	21.38	11.04	3.48	3.72	301.68	521.21	—

评价主要财务指标表（全部旅行社）

	偿债能力状况				发展能力状况		
应收账款周转率（次）	资　产负债率(%)	流动比率(%)	速动比率(%)	长期资产适合率(%)	销　售增长率(%)	资　本积累率(%)	总资产增长率(%)
22.96	66.78	119.29	118.87	184.29	8.75	11.77	26.54
20.66	67.10	128.75	128.68	287.77	8.29	18.91	9.09
16.34	56.57	136.98	135.39	203.06	0.78	0.38	3.54
36.46	45.13	188.79	187.97	473.89	–0.33	9.68	10.09
15.24	47.28	174.96	172.45	407.83	11.90	18.32	9.36
14.03	53.71	136.92	136.38	203.01	2.49	–6.64	11.32
59.10	58.78	160.84	160.53	319.37	19.18	22.32	7.89
9.64	49.58	187.68	187.43	744.26	12.66	2.04	17.73
20.54	44.39	203.71	202.40	711.71	25.00	1.31	–0.07
21.73	76.57	99.96	99.92	106.64	19.76	21.09	79.08
25.20	70.72	119.16	118.03	144.09	11.43	8.18	15.99
21.69	59.67	123.55	123.10	176.75	–5.39	–0.77	2.03
21.75	48.14	172.41	171.48	461.75	4.79	14.19	8.00
23.13	56.79	125.45	124.97	222.66	10.84	15.68	16.90
20.01	44.89	160.39	160.09	286.89	–4.99	0.63	4.21
21.63	55.05	107.06	104.95	139.95	12.45	3.51	4.86

地区	财务效益				资产营运状况		
	净资产收益率(%)	总资产报酬率(%)	营业利润率(%)	成本费用利润率(%)	总资产周转率(%)	流动资产周转率(%)	存货周转率(次)
河南	0.87	0.96	0.06	0.31	280.43	360.13	—
湖北	16.47	10.24	1.74	1.90	540.61	711.12	—
湖南	11.24	8.41	0.75	0.97	845.15	1 015.77	—
广东	8.35	3.20	0.47	0.52	516.81	582.91	—
广西	-2.35	-0.28	-0.43	-0.15	358.18	423.26	—
海南	2.38	1.17	-0.35	0.40	233.76	249.82	—
重庆	9.23	5.33	0.63	0.70	694.94	908.49	—
四川	1.97	1.50	0.33	0.39	346.12	429.85	—
贵州	4.78	3.77	0.94	1.02	337.36	440.30	—
云南	-2.50	0.32	-0.23	-0.14	331.41	441.22	—
陕西	0.72	0.82	-0.04	0.20	236.26	309.89	—
甘肃	0.27	0.36	0.23	0.25	106.26	172.35	—
青海	-0.46	-0.03	-0.19	-0.01	207.73	254.34	—
宁夏	-2.07	0.77	-0.41	-0.06	387.05	427.36	—
新疆	-4.68	-1.84	-1.22	-1.03	190.53	228.07	—
西藏	—	—	—	—	—	—	—

续表

	偿债能力状况				发展能力状况		
应收账款周转率（次）	资产负债率(%)	流动比率(%)	速动比率(%)	长期资产适合率(%)	销售增长率(%)	资本积累率(%)	总资产增长率(%)
20.90	40.46	197.60	195.43	316.77	–5.89	–1.65	0.09
27.37	50.13	157.39	154.54	313.36	3.67	20.19	11.13
36.66	39.83	209.63	208.80	553.67	–3.48	11.01	9.14
25.82	76.87	117.83	117.55	296.07	10.05	8.01	5.59
14.56	65.84	130.32	130.15	406.95	–13.77	–13.00	–4.68
9.07	70.07	135.23	135.12	598.49	2.71	1.93	2.41
41.13	61.40	130.59	129.71	250.57	20.97	17.51	19.38
51.62	48.49	182.51	182.11	401.38	9.32	5.01	5.68
23.27	58.13	130.92	128.63	200.52	–13.01	37.48	41.13
20.10	71.20	119.42	118.71	204.27	–4.07	–0.68	11.57
17.24	67.02	115.22	114.80	407.70	4.06	14.12	19.94
7.00	37.41	187.27	180.05	182.08	–14.35	0.25	4.58
14.10	52.91	170.62	169.46	313.98	–6.29	–1.67	–0.14
17.09	64.17	139.24	138.27	434.20	–7.97	–9.42	5.40
10.29	55.81	152.12	150.39	324.57	–25.20	–6.15	2.54
—	—	—	—	—	—	—	—

2014 年度全国旅游行业经济效益

地　区	财务效益				资产营运状况		
	净资产收益率(%)	总资产报酬率(%)	营　业利润率(%)	成本费用利润率(%)	总资产周转率(%)	流动资产周转率(%)	存　货周转率(次)
全　国	12.26	5.10	1.07	1.19	405.10	533.04	—
北　京	6.74	3.31	0.64	0.79	376.69	442.49	—
天　津	1.31	0.76	0.10	0.19	384.33	488.90	—
河　北	21.99	8.94	1.14	1.27	701.52	711.31	—
山　西	15.52	7.07	1.27	1.31	534.63	649.96	—
内蒙古	5.80	3.94	1.06	1.52	201.87	303.72	—
辽　宁	23.50	11.02	1.25	1.28	851.45	1 023.49	—
吉　林	4.98	3.24	0.88	1.27	219.85	237.82	—
黑龙江	14.00	8.73	1.35	1.44	586.07	654.56	—
上　海	18.49	5.80	2.11	2.22	260.12	383.78	—
江　苏	−0.20	1.78	−0.00	0.11	611.78	791.29	—
浙　江	3.78	2.78	0.32	0.53	406.85	571.15	—
安　徽	13.81	8.42	1.28	1.41	581.87	718.94	—
福　建	9.04	5.28	0.79	0.90	567.02	818.91	—
江　西	1.79	2.04	0.24	0.34	314.33	464.57	—
山　东	26.66	14.91	3.71	3.89	395.48	598.66	—

评价主要财务指标表（经营出境游旅行社）

	偿债能力状况				发展能力状况		
应收账款周转率（次）	资 产负债率(%)	流动比率(%)	速动比率(%)	长期资产适合率(%)	销 售增长率(%)	资 本积累率(%)	总资产增长率(%)
30.60	67.76	113.92	113.56	160.94	12.20	16.65	22.81
23.91	68.48	124.54	124.48	254.24	8.98	21.04	8.84
15.42	63.97	122.57	122.35	182.63	−4.22	−1.32	2.95
62.91	63.04	135.20	134.98	309.68	6.84	27.91	18.46
16.99	56.67	144.64	143.97	313.00	19.76	34.04	12.95
25.36	63.56	115.56	115.13	167.45	13.57	−17.71	12.31
61.04	62.01	153.79	153.66	302.45	20.40	29.42	9.26
8.98	57.39	166.20	166.04	940.11	20.26	5.88	26.64
28.04	50.05	182.19	181.24	736.58	29.45	4.11	−0.48
47.72	72.78	93.55	93.52	91.73	25.10	24.01	53.49
25.98	78.40	113.26	112.24	166.57	15.94	6.53	25.84
23.92	63.62	113.99	113.78	165.79	−2.33	1.70	0.79
34.15	51.66	161.66	161.32	377.41	7.36	24.83	11.46
28.04	57.22	125.28	124.91	270.58	12.66	20.98	16.41
30.23	45.02	145.87	145.62	252.76	−3.77	0.98	7.36
24.58	48.02	139.80	137.07	180.04	15.67	13.18	8.25

地　区	财务效益				资产营运状况		
	净资产收益率(%)	总资产报酬率(%)	营　业利润率(%)	成本费用利润率(%)	总资产周转率(%)	流动资产周转率(%)	存　货周转率(次)
河　南	0.25	0.51	-0.20	0.08	472.57	631.80	—
湖　北	24.69	13.82	2.07	2.20	638.71	871.69	—
湖　南	15.69	12.46	0.87	1.03	1 205.28	1 462.71	—
广　东	11.36	3.84	0.56	0.60	540.40	611.39	—
广　西	2.38	1.59	-0.13	0.33	367.18	448.65	—
海　南	6.29	2.00	-0.58	1.04	150.97	164.73	—
重　庆	10.84	5.96	0.71	0.77	703.62	923.90	—
四　川	3.10	2.08	0.44	0.49	394.93	473.44	—
贵　州	8.16	5.75	1.44	1.52	362.28	466.12	—
云　南	-3.79	0.29	-0.28	-0.21	365.69	546.84	—
陕　西	2.08	1.49	-0.04	0.25	337.05	372.94	—
甘　肃	-0.39	-0.10	-0.19	-0.18	96.55	185.89	—
青　海	0.80	0.47	0.07	0.15	322.45	385.04	—
宁　夏	0.20	1.11	-0.19	0.15	467.50	515.37	—
新　疆	-3.06	-1.12	-0.53	-0.54	210.56	253.76	—
西　藏	—	—	—	—	—	—	—

续表

	偿债能力状况				发展能力状况		
应收账款周转率(次)	资产负债率(%)	流动比率(%)	速动比率(%)	长期资产适合率(%)	销售增长率(%)	资本积累率(%)	总资产增长率(%)
35.19	63.97	118.38	117.60	151.47	1.08	-1.81	5.47
37.28	53.05	144.27	140.68	293.38	10.15	29.07	13.03
60.99	34.07	242.70	242.05	533.20	-2.73	15.20	9.13
27.04	78.62	115.40	115.15	268.91	10.83	10.08	6.25
21.16	71.22	117.57	117.46	282.49	-10.51	-23.02	-9.78
8.39	74.00	124.96	124.95	369.25	-20.95	4.79	-14.32
43.86	63.09	126.12	125.12	245.14	19.56	21.52	24.29
61.78	48.70	188.76	188.64	468.53	11.62	2.92	2.86
27.87	59.27	127.94	127.75	191.44	-16.41	67.53	60.07
27.14	73.94	100.97	100.02	141.76	1.82	-3.25	7.34
22.26	73.42	121.63	121.17	309.19	12.20	30.19	35.47
7.32	31.42	159.96	148.14	141.52	-12.42	-0.38	5.20
17.30	65.68	149.77	149.62	330.94	4.52	0.76	14.82
25.97	72.38	122.09	121.51	338.11	-4.54	-13.21	10.21
12.18	58.85	142.93	140.76	271.81	-26.58	-5.46	6.07
—	—	—	—	—	—	—	—

2014 年度全国旅游行业经济效益

地　区	财务效益				资产营运状况		
	净资产收益率(%)	总资产报酬率(%)	营　业利润率(%)	成本费用利润率(%)	总资产周转率(%)	流动资产周转率(%)	存　货周转率(次)
全　国	1.57	1.41	0.24	0.49	242.70	306.60	—
北　京	4.73	3.73	1.06	1.23	268.96	285.45	—
天　津	5.21	2.93	0.74	0.75	393.86	512.53	—
河　北	-0.09	0.63	0.20	0.34	156.72	183.90	—
山　西	-2.63	-1.67	-1.34	-1.15	144.77	171.64	—
内蒙古	0.92	1.01	0.75	0.68	137.09	194.89	—
辽　宁	-1.81	-0.91	-0.23	-0.46	207.70	248.29	—
吉　林	-2.26	-1.28	-0.92	-0.84	160.16	183.13	—
黑龙江	-2.73	-1.54	-1.12	-1.20	127.90	146.07	—
上　海	0.58	0.52	-0.06	0.22	200.87	211.07	—
江　苏	7.99	4.22	2.17	2.65	159.67	338.69	—
浙　江	-5.66	-1.31	-1.05	-0.62	323.31	429.97	—
安　徽	2.82	2.17	0.32	0.59	342.12	412.72	—
福　建	8.37	5.11	1.58	1.78	275.92	383.40	—
江　西	0.80	0.54	0.20	0.16	297.72	375.55	—
山　东	10.01	5.06	2.58	3.06	157.04	344.71	—

评价主要财务指标表（经营非出境游旅行社）

	偿债能力状况				发展能力状况		
应收账款周转率（次）	资产负债率（%）	流动比率（%）	速动比率（%）	长期资产适合率（%）	销售增长率（%）	资本积累率（%）	总资产增长率（%）
11.63	64.61	132.24	131.64	257.46	-2.89	2.99	35.77
8.60	57.03	165.29	165.11	1 034.24	1.64	8.66	10.99
17.48	48.35	158.20	154.56	222.36	6.87	1.74	4.20
13.79	25.79	331.37	328.95	663.22	-23.49	1.87	2.28
9.27	30.97	272.46	264.04	608.19	-20.29	4.92	3.64
8.48	43.86	168.12	167.40	235.21	-10.28	2.30	10.34
28.89	31.35	265.41	262.42	466.16	-10.65	-2.74	-2.51
11.01	39.03	230.08	229.65	619.97	1.63	-1.34	7.52
5.40	31.53	281.38	278.80	673.66	-8.08	-3.02	0.86
6.91	85.82	113.06	113.00	485.77	2.57	9.05	202.35
22.46	61.93	133.09	131.69	134.58	-3.78	9.27	6.44
19.16	55.28	135.60	134.85	188.35	-9.42	-2.90	3.44
13.81	44.83	183.77	182.23	569.87	1.03	6.68	4.94
13.22	55.89	125.81	125.12	165.06	3.65	6.32	17.93
13.31	44.69	181.95	181.57	356.94	-6.76	0.12	-0.09
14.66	66.34	68.34	66.96	91.44	1.49	-14.57	-0.15

地　区	财务效益				资产营运状况		
	净资产收益率(%)	总资产报酬率(%)	营　业利润率(%)	成本费用利润率(%)	总资产周转率(%)	流动资产周转率(%)	存　货周转率(次)
河　南	1.06	1.26	0.55	0.77	158.10	197.77	—
湖　北	3.51	3.11	0.55	0.78	345.39	426.21	—
湖　南	5.27	3.81	0.39	0.79	436.64	518.39	—
广　东	−3.28	−0.86	−0.34	−0.26	365.80	402.94	—
广　西	−6.39	−2.36	−0.77	−0.71	348.23	397.07	—
海　南	−0.33	0.25	−0.23	0.07	324.89	339.44	—
重　庆	3.07	2.35	0.23	0.35	653.75	837.04	—
四　川	−1.03	−0.11	−0.28	−0.16	212.77	293.03	—
贵　州	0.11	0.62	−0.03	0.06	297.75	397.62	—
云　南	−1.20	0.37	−0.14	−0.04	288.34	337.40	—
陕　西	−0.22	0.13	−0.02	0.09	131.31	213.43	—
甘　肃	0.97	0.77	0.54	0.56	114.77	163.86	—
青　海	−1.06	−0.39	−0.65	−0.31	125.39	155.40	—
宁　夏	−4.76	0.06	−1.35	−0.96	220.82	244.62	—
新　疆	−7.87	−3.57	−3.64	−2.72	142.99	168.49	—
西　藏	—	—	—	—	—	—	—

续表

	偿债能力状况				发展能力状况		
应收账款周转率(次)	资产负债率(%)	流动比率(%)	速动比率(%)	长期资产适合率(%)	销售增长率(%)	资本积累率(%)	总资产增长率(%)
11.77	24.83	333.71	329.16	496.20	–16.80	–1.60	–3.19
13.93	44.19	187.50	186.34	358.32	–14.77	7.51	7.45
16.27	46.36	181.94	180.96	584.87	–5.76	5.66	9.15
18.02	65.43	136.58	136.12	528.52	3.25	0.34	1.48
10.68	60.22	146.01	145.74	612.59	–17.28	–3.52	1.29
9.45	66.47	145.74	145.54	1 063.40	21.28	–0.00	24.71
31.22	52.44	161.08	160.98	273.95	28.74	3.46	–1.29
28.15	47.94	165.87	164.75	293.68	–1.01	10.80	13.80
17.64	56.04	136.69	130.34	217.89	–5.57	5.55	16.12
14.23	67.90	144.17	143.79	366.19	–12.17	1.97	17.13
10.76	59.56	105.98	105.60	539.00	–12.83	4.26	5.81
6.80	42.70	210.87	207.62	244.43	–15.72	0.91	4.05
10.47	42.58	194.01	191.73	304.76	–21.31	–2.81	–9.66
6.85	46.02	199.11	196.80	638.80	–20.48	–4.70	–3.88
6.68	48.18	181.00	180.63	524.26	–19.92	–7.48	–5.38
—	—	—	—	—	—	—	—

2014 年度全国旅游行业经济效益

地　区	财务效益				资产营运状况		
	净资产收益率(%)	总资产报酬率(%)	营　业利润率(%)	成本费用利润率(%)	总资产周转率(%)	流动资产周转率(%)	存　货周转率(次)
全　国	0.56	1.60	0.99	1.65	34.88	90.80	5.78
北　京	3.26	3.00	5.07	5.83	37.57	98.33	6.78
天　津	3.49	1.69	3.66	3.76	45.36	142.44	8.79
河　北	−4.84	−0.49	−8.79	−6.42	25.01	54.00	6.04
山　西	−11.25	−4.22	−20.81	−15.61	24.76	72.78	3.53
内蒙古	−5.52	−1.80	−10.37	−9.73	24.44	66.72	4.41
辽　宁	−3.19	−1.44	−7.67	−6.92	21.60	47.95	4.06
吉　林	−1.77	−0.76	−5.17	−3.79	29.27	117.57	6.45
黑龙江	−4.04	−1.67	−6.75	−6.01	35.06	166.69	6.62
上　海	5.92	4.96	10.47	12.13	39.60	109.77	15.13
江　苏	−0.57	1.16	−0.67	−0.18	37.07	97.89	7.87
浙　江	0.51	2.51	0.59	1.77	38.96	94.48	5.84
安　徽	−6.73	−1.23	−9.78	−8.03	28.08	82.29	3.55
福　建	0.54	2.02	0.66	1.75	38.92	101.18	7.25
江　西	0.53	0.58	0.52	0.86	29.34	80.70	4.85
山　东	−3.19	−0.46	−4.43	−3.69	34.67	83.91	3.88

评价主要财务指标表（全部旅游饭店）

	偿债能力状况				发展能力状况		
应收账款周转率（次）	资产负债率(%)	流动比率(%)	速动比率(%)	长期资产适合率(%)	销售增长率(%)	资本积累率(%)	总资产增长率(%)
11.29	52.90	107.54	101.81	140.65	–4.06	0.08	2.16
6.64	51.37	100.32	96.57	124.55	–5.26	0.96	3.56
7.63	54.50	82.04	76.53	144.74	–1.35	–0.13	–3.22
5.51	59.26	134.13	130.42	148.92	–13.34	–3.84	15.97
5.27	58.73	70.59	64.99	97.78	–24.88	–9.64	–6.93
5.35	50.92	99.51	93.47	117.48	–11.71	–1.33	–1.89
13.73	47.49	152.54	148.21	161.79	–13.00	0.34	–3.83
19.28	35.51	89.67	84.26	119.25	–15.22	0.37	2.45
12.47	40.11	65.18	59.57	97.16	0.38	–1.58	–4.37
14.89	33.56	150.48	147.53	197.16	3.39	4.07	4.91
15.10	57.69	98.40	93.51	141.76	–2.85	–1.10	0.07
21.92	61.48	97.46	91.46	133.99	–4.83	1.18	0.12
7.84	63.06	85.83	78.07	142.96	1.99	–12.13	2.44
18.70	57.80	114.88	109.46	151.20	–3.54	1.69	2.04
6.36	57.13	93.09	89.11	145.17	3.46	1.82	1.87
11.75	55.26	118.20	109.39	138.35	–4.11	–4.40	–0.99

地　区	财务效益				资产营运状况		
	净资产收益率(%)	总资产报酬率(%)	营　业利润率(%)	成本费用利润率(%)	总资产周转率(%)	流动资产周转率(%)	存　货周转率(次)
河　南	-1.46	0.51	-2.36	-1.50	34.34	95.24	3.90
湖　北	-0.95	0.94	-3.74	-0.97	33.60	100.25	4.29
湖　南	0.03	1.64	1.35	1.02	37.63	124.38	6.22
广　东	2.30	2.88	5.15	5.33	36.94	86.28	8.16
广　西	-5.15	-0.88	-9.09	-7.69	28.49	103.96	11.30
海　南	15.13	8.17	13.25	15.31	59.76	103.31	10.23
重　庆	3.20	2.50	3.81	4.66	28.79	52.62	5.31
四　川	-2.79	0.37	-4.30	-3.81	25.03	66.49	2.83
贵　州	0.68	1.39	1.88	2.02	41.49	131.99	4.74
云　南	-3.99	-1.35	-9.10	-7.73	23.96	63.41	1.66
陕　西	-0.46	0.65	-0.08	0.06	38.39	119.69	4.07
甘　肃	-0.50	1.06	-2.49	-0.75	26.59	89.78	4.20
青　海	-0.94	-0.15	-4.10	-2.08	26.00	55.70	5.47
宁　夏	-2.83	-0.48	-4.68	-3.25	34.04	72.86	4.17
新　疆	-4.41	-1.94	-8.72	-6.90	31.91	100.73	10.38
西　藏	—	—	—	—	—	—	—

续表

	偿债能力状况				发展能力状况		
应收账款周转率（次）	资 产负债率(%)	流动比率(%)	速动比率(%)	长期资产适合率(%)	销 售增长率(%)	资 本积累率(%)	总资产增长率(%)
4.40	58.99	80.21	71.04	107.21	–0.74	–3.15	0.85
13.82	56.89	89.73	79.83	118.62	–0.62	–2.26	3.49
12.23	51.85	90.34	84.44	122.80	–7.68	–4.73	–0.17
25.62	54.71	132.85	128.40	176.78	–6.09	–0.48	14.50
9.47	52.94	73.35	71.15	128.19	–3.38	–1.35	–0.51
21.35	50.44	127.46	124.42	173.28	–1.00	0.85	1.71
15.31	65.82	153.72	148.78	173.17	2.50	12.21	6.61
14.83	58.50	102.54	94.03	128.40	–2.00	–2.70	–1.19
17.48	51.92	95.29	87.59	136.98	–8.76	–1.69	–0.30
9.10	47.37	97.58	83.30	132.27	–8.47	–7.32	–4.43
11.37	45.55	87.22	78.80	112.77	–6.05	6.87	3.49
5.38	40.13	85.17	77.52	113.91	–10.32	3.98	3.07
6.81	37.28	162.36	157.26	148.10	–12.30	3.63	1.33
7.07	57.06	141.81	133.23	154.39	–8.55	5.90	6.45
11.25	43.92	99.83	93.87	112.01	–8.41	–3.36	–1.47
—	—	—	—	—	—	—	—

2014 年度全国旅游行业经济效益

地　区	财务效益				资产营运状况		
	净资产收益率(%)	总资产报酬率(%)	营　业利润率(%)	成本费用利润率(%)	总资产周转率(%)	流动资产周转率(%)	存　货周转率(次)
全　国	3.27	3.03	5.72	6.30	32.23	84.10	5.55
北　京	5.46	4.81	8.25	8.95	38.66	87.38	7.00
天　津	5.64	2.17	4.29	4.20	47.97	120.42	13.31
河　北	-1.56	0.07	-3.05	-2.72	19.43	31.12	9.99
山　西	-10.12	-4.49	-27.82	-21.05	16.67	72.77	4.50
内蒙古	-8.06	-3.78	-14.87	-13.39	24.59	75.60	10.29
辽　宁	-1.39	-0.54	-3.88	-3.71	18.64	33.44	3.28
吉　林	1.99	2.18	7.49	7.72	30.55	205.94	9.58
黑龙江	-25.32	-9.49	-42.77	-30.42	21.65	40.26	0.45
上　海	5.42	4.93	13.78	16.13	32.15	114.54	14.79
江　苏	2.92	2.97	3.27	3.95	33.06	88.83	10.67
浙　江	-0.25	2.38	-0.76	0.77	26.79	83.70	1.90
安　徽	-16.62	-5.61	-41.99	-30.59	13.54	44.97	2.42
福　建	4.74	3.82	5.31	5.82	40.81	98.20	7.62
江　西	0.60	0.21	0.36	0.86	24.93	76.84	6.17
山　东	-0.35	1.15	-0.31	-0.29	28.49	68.28	6.84

评价主要财务指标表（五星级饭店）

	偿债能力状况				发展能力状况		
应收账款周转率（次）	资产负债率(%)	流动比率(%)	速动比率(%)	长期资产适合率(%)	销售增长率(%)	资本积累率(%)	总资产增长率(%)
11.74	51.06	123.32	118.25	155.95	−3.73	0.58	1.72
3.64	50.88	115.21	110.95	136.05	−4.70	−3.16	−1.33
4.03	65.25	66.55	64.22	108.39	−13.66	−15.09	−1.86
18.58	64.16	282.88	280.24	282.51	−15.66	2.83	43.61
6.41	50.98	51.41	48.09	108.56	−24.50	0.15	−16.94
54.59	53.33	156.36	152.10	131.14	−16.78	−7.56	−6.61
17.21	43.77	255.87	250.57	245.39	−12.77	3.30	−2.93
36.34	27.74	85.94	80.03	136.65	−13.32	2.78	−4.31
6.11	61.62	152.95	143.27	164.50	−23.76	32.22	32.15
46.24	21.41	180.41	177.03	218.06	1.08	3.14	2.47
29.04	61.74	113.87	111.12	165.77	0.22	1.50	−5.11
15.00	61.08	84.61	75.31	117.93	−1.50	3.19	0.17
2.30	71.22	152.62	143.87	465.96	−11.44	−33.79	1.51
29.42	64.23	145.49	139.44	163.35	−3.77	3.64	1.58
13.08	64.66	80.78	78.90	160.51	5.38	0.60	1.60
15.03	55.28	132.92	129.68	164.35	−0.46	−0.96	0.83

地区	财务效益				资产营运状况		
	净资产收益率(%)	总资产报酬率(%)	营业利润率(%)	成本费用利润率(%)	总资产周转率(%)	流动资产周转率(%)	存货周转率(次)
河南	−10.31	−0.74	−11.44	−11.26	29.31	185.00	7.48
湖北	−1.96	−0.01	−3.07	−2.91	38.37	130.32	8.46
湖南	−7.26	0.41	−4.21	−7.76	27.00	141.37	5.44
广东	6.59	4.88	10.75	12.10	36.89	82.06	12.01
广西	−1.89	0.25	−3.75	−3.53	26.45	132.23	17.40
海南	36.65	21.19	23.37	30.70	90.07	140.11	17.02
重庆	8.89	3.49	11.53	12.70	22.50	37.01	5.71
四川	−1.62	1.05	−3.54	−2.58	19.87	61.03	3.51
贵州	1.34	1.31	2.69	3.01	44.76	397.18	4.46
云南	−9.29	−4.06	−26.75	−20.58	15.63	34.00	0.21
陕西	5.88	5.57	11.85	13.36	44.79	119.36	7.08
甘肃	−9.03	−4.59	−27.92	−21.81	18.02	214.00	4.79
青海	0.06	0.08	−0.15	0.21	38.36	74.52	2.45
宁夏	18.13	11.13	10.01	11.13	111.13	111.13	0.85
新疆	−3.79	−2.61	−8.76	−7.87	31.27	110.02	14.18
西藏	—	—	—	—	—	—	—

续表

	偿债能力状况				发展能力状况		
应收账款周转率（次）	资产负债率(%)	流动比率(%)	速动比率(%)	长期资产适合率(%)	销售增长率(%)	资本积累率(%)	总资产增长率(%)
24.56	75.09	36.47	32.66	80.96	6.27	−13.10	−9.63
42.78	40.36	149.32	142.73	136.35	−12.35	−7.57	−6.83
20.55	64.46	45.16	42.34	81.25	−7.70	−11.47	−5.03
32.63	53.32	136.05	133.22	178.77	−4.25	4.62	22.55
9.07	50.71	58.38	57.11	84.33	−4.83	−2.33	2.23
22.76	44.44	146.51	143.38	218.55	−1.17	−0.68	−0.03
54.34	72.44	150.02	148.00	179.05	−0.23	18.32	8.26
16.38	62.46	81.81	80.16	108.61	−5.37	−3.45	−2.16
35.32	67.53	80.80	66.74	102.67	−10.54	−11.44	−5.64
9.79	57.15	104.18	68.51	154.58	−28.28	−9.36	−5.26
29.99	29.43	190.85	184.39	136.47	−1.60	3.46	8.09
23.75	46.41	24.73	21.75	67.62	−5.61	−5.10	2.51
41.70	25.91	230.16	218.06	167.29	−16.07	0.08	−1.39
2.66	40.47	767.58	614.63	0.00	−7.10	−4.50	1.44
17.88	29.92	86.74	80.98	101.43	−6.31	−4.19	−3.60
—	—	—	—	—	—	—	—

2014 年度全国旅游行业经济效益

地　区	财务效益				资产营运状况		
	净资产收益率(%)	总资产报酬率(%)	营　业利润率(%)	成本费用利润率(%)	总资产周转率(%)	流动资产周转率(%)	存　货周转率(次)
全　国	−1.44	0.77	−1.91	−0.99	34.28	88.13	6.06
北　京	3.29	2.52	5.75	6.98	33.10	100.06	5.07
天　津	2.22	1.22	3.82	3.97	31.83	137.53	5.63
河　北	−7.34	−0.57	−11.81	−9.17	21.61	47.00	5.86
山　西	−19.56	−6.41	−32.35	−23.90	22.73	63.50	2.63
内蒙古	−4.12	−2.08	−10.76	−11.61	20.13	86.35	3.74
辽　宁	−5.73	−2.59	−12.85	−11.19	21.88	56.15	4.92
吉　林	−3.41	−2.08	−11.59	−8.32	24.63	96.88	5.84
黑龙江	−4.36	−1.97	−9.07	−8.21	31.00	302.80	8.24
上　海	5.71	4.81	6.65	7.81	52.92	122.80	17.01
江　苏	−3.75	−0.33	−4.48	−3.74	37.96	108.63	6.49
浙　江	3.44	4.23	3.86	4.48	49.65	97.47	19.43
安　徽	−6.62	−0.54	−9.18	−7.19	30.29	87.91	2.93
福　建	−1.92	0.43	−4.18	−1.44	36.13	93.25	6.73
江　西	−0.68	0.47	−1.37	−0.86	28.92	75.20	4.47
山　东	−5.20	−1.48	−6.83	−5.47	37.94	92.53	5.83

评价主要财务指标表（四星级饭店）

	偿债能力状况				发展能力状况		
应收账款周转率（次）	资产负债率（%）	流动比率（%）	速动比率（%）	长期资产适合率（%）	销售增长率（%）	资本积累率（%）	总资产增长率（%）
14.00	54.76	104.96	99.31	136.22	−5.30	−1.75	1.63
32.50	51.86	88.97	86.08	118.19	−6.36	−0.69	7.01
9.52	51.54	81.28	74.77	181.28	2.45	2.27	−2.23
3.95	63.83	109.23	106.53	132.56	−15.98	−8.73	11.42
6.09	65.82	76.71	70.43	96.57	−23.26	−16.63	−0.74
5.44	35.07	94.42	88.43	113.49	−7.99	−4.87	−7.94
15.05	50.84	115.18	111.86	128.35	−16.31	−3.94	−7.17
14.14	33.55	85.26	81.30	115.52	−16.31	−3.28	2.58
17.24	35.38	38.19	33.14	92.86	−1.06	−4.85	−4.74
23.85	42.31	133.78	130.42	150.72	3.64	0.68	1.75
13.41	57.63	83.62	77.26	127.64	−4.05	−3.31	−0.63
27.38	59.46	123.13	120.15	161.81	−7.05	1.96	1.09
14.14	64.04	71.38	63.23	101.32	6.55	−4.28	4.25
15.38	53.42	101.20	96.59	149.49	−5.64	−3.05	0.40
8.29	59.26	92.95	89.06	146.49	−0.63	−0.05	1.66
12.94	56.22	115.60	109.51	126.65	−6.84	−7.31	−2.81

地 区	财务效益				资产营运状况		
	净资产收益率(%)	总资产报酬率(%)	营 业利润率(%)	成本费用利润率(%)	总资产周转率(%)	流动资产周转率(%)	存 货周转率(次)
河 南	−0.65	0.69	−0.83	−0.57	28.87	75.69	1.83
湖 北	0.29	1.60	−6.13	0.81	28.52	85.28	2.65
湖 南	1.31	2.38	3.03	3.44	33.63	98.76	5.91
广 东	−3.33	0.74	−2.99	−2.97	31.41	75.45	4.34
广 西	−8.09	−1.67	−17.11	−13.40	23.39	89.31	7.57
海 南	−3.11	−0.75	−6.02	−5.77	30.91	60.99	8.42
重 庆	−1.22	0.53	−1.72	−0.93	29.70	54.12	8.48
四 川	−5.64	−0.89	−10.44	−9.35	22.24	54.02	1.82
贵 州	−4.21	−0.90	−3.53	−3.35	40.19	88.11	5.97
云 南	−4.40	−1.89	−12.34	−8.63	25.05	62.89	5.32
陕 西	−6.04	−1.48	−7.53	−7.05	31.45	110.67	3.42
甘 肃	−1.19	1.60	−3.23	−2.09	28.69	93.49	4.16
青 海	−1.36	−0.66	−7.56	−3.09	24.67	41.67	8.16
宁 夏	−5.89	−1.62	−13.92	−9.76	21.76	46.88	5.94
新 疆	−4.04	−1.71	−6.04	−5.67	37.38	91.58	10.43
西 藏	—	—	—	—	—	—	—

续表

	偿债能力状况				发展能力状况		
应收账款周转率(次)	资产负债率(%)	流动比率(%)	速动比率(%)	长期资产适合率(%)	销售增长率(%)	资本积累率(%)	总资产增长率(%)
2.83	57.00	86.06	72.62	117.10	5.84	−4.60	4.34
15.07	62.26	89.30	73.94	112.85	14.61	5.04	12.44
14.66	54.30	117.28	111.57	138.50	−8.96	−0.33	2.28
19.22	63.30	143.09	133.74	168.25	−12.73	−5.84	4.47
9.64	53.74	63.31	61.11	162.04	−4.17	−6.54	−7.77
13.18	35.65	315.51	311.16	239.23	−5.13	−2.02	−4.71
25.72	61.95	214.04	210.13	208.48	−5.39	6.83	13.11
17.02	57.21	116.61	104.04	143.70	−3.59	−4.35	−1.81
15.39	60.93	102.60	97.95	130.33	−7.99	−3.00	2.17
22.32	42.98	104.93	100.94	160.31	−6.89	−4.26	−2.42
21.60	57.45	63.17	57.24	93.29	−4.63	11.81	−1.09
5.32	38.78	106.94	99.70	113.84	−10.38	15.35	7.05
28.70	36.96	257.61	253.52	222.07	−11.18	8.92	8.48
26.28	58.93	141.56	136.67	162.65	−10.09	9.60	10.53
26.54	37.87	124.27	118.71	126.08	−9.01	−4.28	−6.80
—	—	—	—	—	—	—	—

2014 年度全国旅游行业经济效益

地 区	财务效益				资产营运状况		
	净资产收益率 (%)	总资产报酬率 (%)	营 业 利润率 (%)	成本费用利润率 (%)	总资产周转率 (%)	流动资产周转率 (%)	存 货 周转率 (次)
全 国	-1.31	0.42	-1.90	-0.96	39.75	106.40	6.25
北 京	-1.39	-0.13	-1.88	-0.85	40.71	128.65	8.25
天 津	4.50	2.06	2.79	2.89	73.30	157.95	10.58
河 北	-4.25	-1.62	-9.64	-7.46	30.89	116.94	5.46
山 西	-5.90	-2.19	-9.75	-6.56	34.83	92.11	4.22
内蒙古	-7.66	-0.90	-10.23	-8.70	27.93	54.96	3.55
辽 宁	-2.20	-0.88	-3.59	-2.88	36.77	173.64	5.44
吉 林	-3.26	-2.05	-9.98	-8.10	37.54	109.06	5.16
黑龙江	0.81	0.73	0.15	1.47	47.41	91.17	5.11
上 海	-1.14	0.95	-1.43	-0.13	39.81	94.68	11.49
江 苏	-1.59	0.25	-0.93	-0.87	53.33	124.37	7.20
浙 江	-1.77	0.92	-3.36	-0.65	42.20	114.04	12.50
安 徽	5.06	4.07	5.95	7.36	44.81	115.56	8.24
福 建	0.22	1.55	1.14	1.16	45.35	104.06	7.84
江 西	1.57	1.02	2.42	2.58	32.95	88.38	4.67
山 东	-4.01	-0.70	-4.48	-3.73	37.24	84.26	2.30

评价主要财务指标表（三星级饭店）

	偿债能力状况				发展能力状况		
应收账款周转率（次）	资产负债率(%)	流动比率(%)	速动比率(%)	长期资产适合率(%)	销售增长率(%)	资本积累率(%)	总资产增长率(%)
9.28	51.73	91.24	84.95	123.62	−5.06	1.92	2.63
24.41	46.26	85.93	81.97	112.23	−5.26	15.15	10.58
10.72	53.91	111.92	102.62	136.18	1.11	4.58	−7.54
6.33	39.31	73.56	67.84	102.55	−9.37	−1.25	1.54
4.43	57.60	68.43	62.44	85.16	−26.87	−11.61	−6.54
3.50	62.39	85.39	79.23	108.30	−10.90	9.07	7.36
10.77	46.04	55.74	49.07	95.59	−7.25	−2.47	−2.37
24.45	48.25	95.07	86.91	106.00	−14.26	6.87	9.34
6.07	53.85	72.66	67.96	85.47	−10.29	−0.10	−20.65
15.55	51.68	112.71	109.95	138.03	3.28	−2.21	1.34
11.19	56.19	91.17	82.97	130.24	−7.29	−0.49	2.23
22.01	59.30	75.14	72.26	123.98	−4.61	−0.49	−1.94
9.20	45.16	93.02	87.24	124.77	1.54	−1.57	−0.47
12.71	43.84	112.17	105.64	153.06	−2.41	13.43	13.27
4.12	48.88	105.12	98.91	134.45	6.30	4.36	2.38
8.33	59.50	107.49	91.04	131.68	−4.16	−3.46	0.25

地区	财务效益				资产营运状况		
	净资产收益率(%)	总资产报酬率(%)	营业利润率(%)	成本费用利润率(%)	总资产周转率(%)	流动资产周转率(%)	存货周转率(次)
河南	-0.54	0.81	-1.38	0.22	40.01	97.65	7.70
湖北	-1.76	0.65	-2.71	-1.82	37.90	100.23	6.90
湖南	-0.05	0.65	0.25	0.34	43.96	139.94	6.86
广东	0.41	1.00	1.49	1.41	48.79	107.84	8.92
广西	-2.52	-0.17	-2.65	-2.24	44.47	101.39	13.32
海南	-4.40	-1.67	-7.68	-7.19	29.12	91.18	4.48
重庆	0.72	2.51	0.23	1.23	46.91	98.48	4.24
四川	-0.50	1.01	0.06	0.45	36.25	95.95	6.58
贵州	4.21	4.56	9.53	10.68	37.05	171.48	9.81
云南	-4.05	-1.31	-6.51	-7.17	30.95	104.44	7.05
陕西	-1.71	-0.13	-2.34	-1.80	42.00	129.71	3.66
甘肃	1.07	1.67	0.11	2.85	24.95	79.31	3.99
青海	-1.25	0.38	-2.85	-3.15	20.41	75.31	6.37
宁夏	-1.83	-0.08	-1.32	-1.15	50.17	144.57	8.05
新疆	-5.10	-1.35	-11.02	-6.73	27.38	97.81	7.19
西藏	—	—	—	—	—	—	—

续表

	偿债能力状况				发展能力状况		
应收账款周转率（次）	资产负债率(%)	流动比率(%)	速动比率(%)	长期资产适合率(%)	销售增长率(%)	资本积累率(%)	总资产增长率(%)
5.42	57.84	85.97	80.07	105.84	−6.65	1.08	1.84
8.07	57.58	76.83	71.80	117.09	−2.09	−5.90	0.16
10.98	43.95	91.17	84.71	139.24	−7.80	−7.25	−0.42
21.77	56.42	107.23	103.55	148.74	−7.80	−3.54	17.81
9.11	55.28	128.74	125.11	166.99	0.81	18.24	19.94
15.65	42.38	154.80	145.93	172.09	−12.67	−1.68	−1.48
6.69	50.96	128.40	113.07	161.42	9.62	13.41	−0.82
12.90	56.69	103.73	97.59	128.80	−2.40	−1.91	0.18
18.05	28.27	89.68	83.97	215.96	−7.32	1.25	−0.81
9.35	38.91	95.17	88.55	115.52	−6.22	−8.35	−6.75
7.09	48.83	75.39	64.50	105.48	−7.33	6.69	5.13
6.64	40.03	85.58	77.13	130.35	−13.25	0.54	0.64
2.11	45.29	59.96	56.63	85.61	−7.81	−1.87	−6.35
7.09	54.74	95.77	89.49	106.85	−6.89	0.07	−2.86
6.08	58.57	99.08	92.44	114.84	−10.28	−1.95	4.20
—	—	—	—	—	—	—	—

2014 年度全国旅游行业经济效益

地　区	财务效益				资产营运状况		
	净资产收益率(%)	总资产报酬率(%)	营　业利润率(%)	成本费用利润率(%)	总资产周转率(%)	流动资产周转率(%)	存　货周转率(次)
全　国	1.36	1.59	2.02	2.41	42.23	104.88	6.30
北　京	-1.35	0.49	-0.97	0.36	67.13	131.55	7.24
天　津	6.05	3.11	8.84	9.70	35.12	125.09	10.75
河　北	-2.75	-0.16	-21.85	-0.45	100.51	203.89	9.04
山　西	-4.27	-1.27	-4.45	-4.56	44.92	100.59	4.20
内蒙古	2.16	1.93	4.37	4.69	25.34	61.41	3.88
辽　宁	-14.94	-3.52	-12.17	-10.57	29.64	204.59	5.49
吉　林	-3.60	-1.26	-3.72	-3.35	36.84	235.98	13.05
黑龙江	18.32	14.33	13.99	16.52	98.95	342.18	41.52
上　海	4.70	3.50	2.72	4.57	77.17	146.22	15.08
江　苏	-1.13	0.40	-0.79	-0.13	57.37	130.51	7.69
浙　江	-0.72	1.00	1.49	0.56	43.02	112.98	5.71
安　徽	-6.85	-1.38	-4.48	-7.03	39.57	102.71	10.57
福　建	1.76	1.90	0.58	4.34	44.04	123.33	8.75
江　西	1.39	0.99	2.20	2.04	49.61	132.66	9.77
山　东	1.59	1.30	2.30	1.99	40.03	133.99	7.47

评价主要财务指标表（二星级饭店）

	偿债能力状况				发展能力状况		
应收账款周转率（次）	资产负债率(%)	流动比率(%)	速动比率(%)	长期资产适合率(%)	销售增长率(%)	资本积累率(%)	总资产增长率(%)
9.00	49.43	90.74	84.23	114.09	−3.61	0.12	−0.29
17.58	63.96	81.09	76.38	124.12	−1.12	1.85	15.06
7.14	48.12	66.87	64.20	81.32	9.66	6.24	−1.29
4.69	58.40	117.30	103.77	144.56	−14.98	5.18	−1.46
5.74	52.39	91.56	81.68	120.00	−24.55	−12.43	−3.65
3.10	45.72	114.18	105.22	120.94	−7.69	3.92	−0.95
115.72	77.15	26.86	25.10	55.94	−17.94	−13.64	−2.16
11.54	32.66	64.30	55.99	119.37	−29.01	18.96	9.42
99.88	23.74	140.75	133.69	124.12	142.18	19.63	9.46
21.96	51.16	105.70	103.13	162.53	4.55	1.10	9.17
15.23	41.00	116.78	107.48	126.64	−8.02	−4.53	−6.47
16.59	49.40	77.68	71.22	118.19	−8.48	0.48	2.11
9.39	52.80	75.69	71.94	82.22	−14.09	−16.36	−12.40
15.72	19.95	184.87	174.90	141.28	4.61	4.14	−0.41
4.22	38.56	103.80	100.25	128.83	8.82	0.91	0.79
5.17	54.74	60.44	55.48	80.21	−2.43	−1.55	−3.84

地　区	财务效益				资产营运状况		
	净资产收益率(%)	总资产报酬率(%)	营　业利润率(%)	成本费用利润率(%)	总资产周转率(%)	流动资产周转率(%)	存　货周转率(次)
河　南	−0.49	0.72	−0.64	−0.32	63.78	169.23	9.78
湖　北	1.01	1.20	1.58	1.52	49.15	201.43	6.92
湖　南	6.72	5.36	6.21	7.12	67.39	217.48	7.87
广　东	0.36	1.05	6.68	1.81	62.05	101.06	23.11
广　西	1.23	1.09	2.33	2.29	44.54	159.45	23.38
海　南	−3.53	−0.55	−4.73	−23.82	2.22	2.63	7.45
重　庆	2.68	2.56	1.36	1.81	89.64	258.29	14.73
四　川	3.32	2.87	5.91	5.29	35.59	76.75	2.94
贵　州	3.77	4.07	6.34	7.16	46.31	135.03	2.59
云　南	2.52	2.43	7.58	6.82	24.23	78.48	6.23
陕　西	−0.50	0.83	0.41	−0.23	49.22	164.92	4.30
甘　肃	1.97	1.71	3.18	4.23	33.23	115.21	5.04
青　海	1.89	1.43	−5.64	5.90	22.91	65.26	7.51
宁　夏	22.88	3.14	7.60	8.20	41.46	103.96	1.04
新　疆	−12.76	−2.84	−18.36	−14.41	24.11	54.91	11.03
西　藏	—	—	—	—	—	—	—

续表

	偿债能力状况				发展能力状况		
应收账款周转率(次)	资产负债率(%)	流动比率(%)	速动比率(%)	长期资产适合率(%)	销售增长率(%)	资本积累率(%)	总资产增长率(%)
9.54	38.96	99.81	88.56	127.72	-3.53	-4.50	-11.01
11.72	37.72	83.91	73.38	115.26	-8.17	1.22	0.94
7.51	34.13	117.53	103.61	116.61	-2.36	-1.71	0.44
9.49	27.33	217.71	214.01	257.49	2.06	-14.78	-3.10
17.95	34.85	76.93	74.26	114.44	-9.89	-0.70	-1.07
13.04	84.47	86.83	86.77	66.90	15.12	-3.47	6.88
25.32	58.92	120.19	107.39	113.94	18.47	-0.93	1.85
11.02	48.73	124.55	107.83	138.29	2.88	1.66	-12.03
4.10	35.13	113.28	101.68	113.52	-4.33	-1.08	-2.86
11.30	45.70	86.13	80.97	109.20	-7.47	0.18	-4.94
7.08	40.33	85.60	71.80	109.87	-11.45	5.56	1.25
2.95	48.31	60.75	53.39	84.47	-3.37	-4.22	4.48
3.02	23.63	160.21	151.26	148.77	-42.95	12.90	9.83
2.80	84.67	41.70	20.10	23.70	-26.65	25.84	-0.37
8.57	65.46	71.04	69.14	106.16	-5.29	10.84	-0.81
—	—	—	—	—	—	—	—

2014 年度全国旅游行业经济效益

地 区	财务效益				资产营运状况		
	净资产收益率(%)	总资产报酬率(%)	营 业利润率(%)	成本费用利润率(%)	总资产周转率(%)	流动资产周转率(%)	存 货周转率(次)
全 国	2.95	2.28	–0.01	2.57	56.42	163.88	3.84
北 京	—	—	—	—	—	—	—
天 津	–0.84	–0.57	–0.35	–0.35	162.41	592.51	10.69
河 北	0.97	1.67	–2.59	1.08	75.24	108.09	2.07
山 西	—	—	—	—	—	—	—
内蒙古	—	—	—	—	—	—	—
辽 宁	—	—	—	—	—	—	—
吉 林	—	—	—	—	—	—	—
黑龙江	—	—	—	—	—	—	—
上 海	0.91	0.82	0.89	0.92	89.66	153.96	4.20
江 苏	—	—	—	—	—	—	—
浙 江	–5.19	1.32	–2.95	–0.72	160.40	473.64	31.23
安 徽	0.01	0.01	–0.15	0.02	64.62	169.79	1.04
福 建	3.14	3.72	5.24	5.53	69.83	370.75	21.96
江 西	—	—	—	—	—	—	—
山 东	—	—	—	—	—	—	—

评价主要财务指标表（一星级饭店）

	偿债能力状况				发展能力状况		
应收账款周转率(次)	资产负债率(%)	流动比率(%)	速动比率(%)	长期资产适合率(%)	销售增长率(%)	资本积累率(%)	总资产增长率(%)
6.26	43.10	86.49	66.75	107.18	-12.89	-9.99	-5.55
—	—	—	—	—	—	—	—
28.50	30.76	86.54	62.39	94.36	11.41	-0.84	-3.41
5.28	38.71	269.95	210.04	263.13	4.21	0.97	12.28
—	—	—	—	—	—	—	—
—	—	—	—	—	—	—	—
—	—	—	—	—	—	—	—
—	—	—	—	—	—	—	—
—	—	—	—	—	—	—	—
6.31	7.47	803.75	608.23	241.38	4.91	0.91	-4.17
—	—	—	—	—	—	—	—
79.70	46.29	70.01	64.03	88.80	-6.15	-10.00	-3.41
6.71	20.51	130.89	122.98	125.04	-0.83	0.01	4.07
21.42	3.99	365.55	310.26	213.28	17.27	-7.91	-7.76
—	—	—	—	—	—	—	—
—	—	—	—	—	—	—	—

地　区	财务效益				资产营运状况		
	净资产收益率(%)	总资产报酬率(%)	营　业利润率(%)	成本费用利润率(%)	总资产周转率(%)	流动资产周转率(%)	存　货周转率(次)
河　南	-0.85	-0.85	-13.39	-11.81	6.34	33.56	0.00
湖　北	0.89	0.39	0.63	1.10	35.23	60.30	3.32
湖　南	6.10	3.15	5.33	5.89	37.14	121.18	1.79
广　东	—	—	—	—	—	—	—
广　西	—	—	—	—	—	—	—
海　南	47.93	15.25	25.30	33.87	60.25	69.21	0.89
重　庆	-7.31	-0.89	-78.32	-2.26	94.32	631.46	0.00
四　川	—	—	—	—	—	—	—
贵　州	110.98	57.01	80.10	402.60	71.18	180.78	40.37
云　南	-6.29	-3.81	-33.47	-25.08	11.78	345.87	9.07
陕　西	—	—	—	—	—	—	—
甘　肃	8.18	12.67	7.68	7.10	121.12	169.83	8.66
青　海	—	—	—	—	—	—	—
宁　夏	—	—	—	—	—	—	—
新　疆	-52.13	-9.75	-122.75	-41.79	10.48	43.30	8.37
西　藏	—	—	—	—	—	—	—

续表

	偿债能力状况				发展能力状况		
应收账款周转率（次）	资产负债率（%）	流动比率（%）	速动比率（%）	长期资产适合率（%）	销售增长率（%）	资本积累率（%）	总资产增长率（%）
0.95	0.63	2 969.59	2 969.59	122.17	–14.41	–0.85	–0.59
7.57	83.04	61.66	55.49	35.71	–72.08	–83.33	–42.27
3.12	50.33	67.52	46.45	91.70	–3.20	–2.50	–2.24
—	—	—	—	—	—	—	—
—	—	—	—	—	—	—	—
0.00	87.01	1 142.86	598.42	0.00	11.34	–68.48	42.11
9.46	14.25	80.41	80.41	96.85	10.02	2 017.71	37.84
—	—	—	—	—	—	—	—
58.11	36.72	113.86	112.98	108.75	56.21	106.60	20.80
0.00	37.01	12.23	11.19	66.87	–24.15	–0.17	–1.35
—	—	—	—	—	—	—	—
3.08	20.18	368.73	332.69	346.11	–8.43	9.91	11.72
—	—	—	—	—	—	—	—
—	—	—	—	—	—	—	—
6.02	82.89	31.21	30.26	56.71	–68.52	–21.14	–6.96
—	—	—	—	—	—	—	—

2014 年度全国旅游行业经济效益

地区	财务效益				资产营运状况		
	净资产收益率(%)	总资产报酬率(%)	营业利润率(%)	成本费用利润率(%)	总资产周转率(%)	流动资产周转率(%)	存货周转率(次)
全国	0.22	1.41	0.80	1.35	35.81	93.55	4.01
北京	-17.40	-1.74	-7.54	-6.37	25.52	114.54	17.06
天津	-0.40	-0.18	-0.16	-0.16	111.87	312.12	28.28
河北	23.94	11.74	7.82	8.45	150.67	250.88	2.92
山西	6.73	3.34	-6.24	25.44	11.29	20.86	2.23
内蒙古	0.94	0.56	4.54	4.75	12.29	298.91	5.20
辽宁	-2.59	-1.23	-5.51	-4.22	27.60	166.51	1.79
吉林	24.38	17.56	30.96	44.01	49.33	87.72	32.81
黑龙江	-0.31	-0.31	-0.75	-0.74	41.34	187.50	28.68
上海	12.91	7.26	13.57	15.85	46.81	90.76	15.38
江苏	0.24	0.71	0.50	0.79	32.38	73.65	10.86
浙江	-11.20	-1.41	-9.30	-7.16	28.13	66.73	1.13
安徽	-8.25	1.72	-21.99	-18.02	9.85	15.11	0.53
福建	-4.75	1.21	-4.40	-3.21	32.10	170.00	6.06
江西	—	—	—	—	—	—	—
山东	-3.64	-2.80	-7.80	-7.21	37.78	122.11	2.58

评价主要财务指标表（未评星级饭店）

	偿债能力状况				发展能力状况		
应收账款周转率（次）	资产负债率(%)	流动比率(%)	速动比率(%)	长期资产适合率(%)	销售增长率(%)	资本积累率(%)	总资产增长率(%)
8.20	57.82	105.83	98.90	145.70	4.37	1.63	7.24
148.52	88.47	105.29	103.78	121.14	-12.43	2.84	-3.83
14.23	53.78	66.40	63.96	84.51	4.77	-0.40	-1.09
11.98	47.93	132.81	107.14	143.28	2.33	27.19	11.53
3.58	43.54	127.49	122.36	129.52	-14.89	7.33	-4.50
11.16	48.42	12.59	8.08	61.53	1.35	1.09	-1.53
4.42	53.67	29.57	25.99	73.73	5.73	12.57	18.99
720.07	55.39	211.19	210.83	193.81	12.47	-4.71	1.02
0.00	0.56	5 672.86	5 587.09	135.53	8.97	-0.31	-0.10
4.60	53.57	144.23	142.18	240.57	8.88	19.44	20.14
9.04	48.47	112.23	110.11	129.14	-1.14	-1.46	19.54
27.92	81.42	85.94	71.03	125.63	3.60	-13.09	-0.67
2.46	74.19	87.73	81.54	76.08	-28.29	-7.92	-4.72
17.08	70.90	67.34	62.81	118.13	3.31	-8.08	-4.26
—	—	—	—	—	—	—	—
19.49	20.70	147.92	111.53	121.93	2.14	-6.88	-4.06

地　区	财务效益				资产营运状况		
	净资产收益率(%)	总资产报酬率(%)	营　业利润率(%)	成本费用利润率(%)	总资产周转率(%)	流动资产周转率(%)	存　货周转率(次)
河　南	-8.80	-4.25	-9.57	-8.94	43.94	260.96	14.76
湖　北	-1.98	0.85	-1.80	-1.86	27.78	84.57	3.76
湖　南	21.98	18.63	8.15	8.96	224.76	304.23	5.38
广　东	-6.75	-0.84	-3.51	-3.71	37.10	140.99	10.33
广　西	-14.41	-4.16	-34.01	-25.41	14.76	162.75	17.35
海　南	-23.57	-10.10	-18.53	-15.54	55.95	123.39	2.39
重　庆	-7.85	0.13	-17.33	-12.23	20.31	91.48	4.26
四　川	-4.19	0.48	-8.03	-6.83	23.65	77.46	1.55
贵　州	2.18	1.84	1.81	1.66	65.22	164.88	1.37
云　南	-0.25	1.55	-1.19	0.55	25.05	68.46	3.42
陕　西	-2.02	-1.06	-5.41	-5.13	24.22	79.44	6.30
甘　肃	-8.43	-8.16	-54.13	-34.67	15.28	44.62	1.69
青　海	—	—	—	—	—	—	—
宁　夏	—	—	—	—	—	—	—
新　疆	-4.40	-2.93	-3.40	-3.88	72.93	225.59	12.65
西　藏	—	—	—	—	—	—	—

续表

	偿债能力状况				发展能力状况		
应收账款周转率(次)	资产负债率(%)	流动比率(%)	速动比率(%)	长期资产适合率(%)	销售增长率(%)	资本积累率(%)	总资产增长率(%)
5.38	49.75	117.02	106.18	130.80	−8.51	−3.95	−4.59
23.86	72.32	77.08	72.42	110.17	−3.70	−2.13	0.31
62.14	16.88	315.70	171.05	177.97	−2.28	−1.46	0.97
27.88	35.02	111.89	107.58	243.48	5.36	−9.92	−3.99
5.75	66.02	11.06	10.67	76.52	−12.01	−13.44	−9.01
23.35	55.51	84.86	79.86	108.00	4.88	13.56	9.87
10.63	63.56	100.17	94.89	113.21	18.94	−7.58	−3.70
15.36	60.88	115.52	81.76	160.09	47.36	9.82	26.35
43.63	60.74	64.51	37.01	83.15	−15.02	13.14	2.60
3.27	56.16	78.94	70.30	111.63	21.93	−18.19	−2.86
16.78	33.49	110.65	104.66	166.17	−16.09	7.48	1.98
37.40	2.92	1 226.30	1 132.60	153.15	10.15	−8.09	−8.51
—	—	—	—	—	—	—	—
—	—	—	—	—	—	—	—
9.55	29.66	110.28	95.95	122.90	−5.99	−4.37	−4.08
—	—	—	—	—	—	—	—

2014 年度全国旅游行业经济效益

地　区	财务效益				资产营运状况		
	净资产收益率(%)	总资产报酬率(%)	营　业利润率(%)	成本费用利润率(%)	总资产周转率(%)	流动资产周转率(%)	存　货周转率(次)
全　国	7.40	5.38	7.18	9.10	48.74	103.83	1.88
北　京	6.26	5.63	2.81	3.08	135.43	292.07	14.44
天　津	—	—	—	—	—	—	—
河　北	30.87	22.99	44.99	100.62	33.71	328.69	0.00
山　西	—	—	—	—	—	—	—
内蒙古	–9.69	–6.47	–27.39	–21.38	24.43	72.82	7.58
辽　宁	4.97	4.52	17.30	21.04	26.00	120.23	23.54
吉　林	1.35	2.31	15.78	18.17	15.01	31.09	0.60
黑龙江	1.31	1.47	–8.66	26.50	4.20	70.63	26.83
上　海	7.94	6.35	9.30	12.00	43.37	124.71	10.52
江　苏	2.16	3.16	–2.72	5.51	27.96	58.51	1.35
浙　江	6.25	3.55	7.91	10.34	28.40	61.01	0.93
安　徽	0.01	3.73	12.16	14.15	17.72	59.58	0.62
福　建	3.73	3.96	0.73	0.86	213.75	358.28	2 667.62
江　西	—	—	—	—	—	—	—
山　东	0.05	0.18	–5.48	2.09	6.99	115.99	74.13

评价主要财务指标表（旅游集团）

	偿债能力状况				发展能力状况		
应收账款周转率（次）	资产负债率(%)	流动比率(%)	速动比率(%)	长期资产适合率(%)	销售增长率(%)	资本积累率(%)	总资产增长率(%)
20.26	59.66	120.91	75.24	190.77	8.48	16.81	12.97
21.83	62.68	75.51	62.20	131.75	3.26	24.88	9.64
—	—	—	—	—	—	—	—
0.00	47.40	160.01	83.30	134.64	88.75	36.50	13.07
—	—	—	—	—	—	—	—
13.19	27.05	204.14	180.19	154.36	−9.86	0.25	−10.34
383.38	18.03	680.34	665.90	126.29	5.57	5.09	−2.04
16.83	48.29	375.10	295.82	203.19	26.50	178.08	103.46
6.68	13.60	58.11	57.18	1 213.76	−10.16	1.46	1.10
44.50	52.53	103.25	97.42	141.65	9.92	26.98	27.33
22.19	63.84	104.18	72.52	143.99	29.30	1.00	15.21
27.41	64.37	130.14	69.60	175.41	4.76	7.11	12.39
27.52	61.43	109.95	51.42	185.00	6.69	2.32	0.51
19.28	73.42	109.45	109.32	152.94	50.98	26.28	25.72
—	—	—	—	—	—	—	—
32.48	10.69	64.75	63.90	880.92	10.63	1.40	1.24

地　区	财务效益				资产营运状况		
	净资产收益率(%)	总资产报酬率(%)	营　业利润率(%)	成本费用利润率(%)	总资产周转率(%)	流动资产周转率(%)	存　货周转率(次)
河　南	—	—	—	—	—	—	—
湖　北	1.98	1.13	3.66	6.91	14.20	52.70	2.68
湖　南	—	—	—	—	—	—	—
广　东	17.10	8.72	17.16	21.82	42.69	64.11	0.53
广　西	2.80	3.08	4.38	3.98	33.75	124.79	3.56
海　南	—	—	—	—	—	—	—
重　庆	-1.46	0.28	-11.93	-3.88	9.79	33.62	0.65
四　川	11.08	6.58	13.86	15.64	34.65	123.17	26.32
贵　州	1.01	0.63	7.66	8.33	6.79	17.66	16.31
云　南	14.17	10.98	24.18	32.41	38.45	93.24	28.70
陕　西	4.28	3.72	-2.77	3.74	23.71	39.60	1.71
甘　肃	-0.82	-0.58	-4.76	-4.57	12.05	127.11	5.65
青　海	11.84	5.95	-53.05	34.34	8.86	18.72	56.06
宁　夏	—	—	—	—	—	—	—
新　疆	-6.59	1.14	-10.90	-3.77	25.28	323.66	37.34
西　藏	—	—	—	—	—	—	—

续表

	偿债能力状况				发展能力状况		
应收账款周转率(次)	资产负债率(%)	流动比率(%)	速动比率(%)	长期资产适合率(%)	销售增长率(%)	资本积累率(%)	总资产增长率(%)
—	—	—	—	—	—	—	—
23.26	58.77	71.30	61.94	272.45	6.26	12.15	2.13
—	—	—	—	—	—	—	—
57.71	66.95	155.66	56.70	267.76	13.83	15.68	7.76
4.51	47.61	78.29	70.42	168.53	122.72	3.69	10.40
—	—	—	—	—	—	—	—
3.68	59.52	144.83	80.28	288.57	30.45	19.27	12.94
37.98	55.18	101.02	98.87	115.69	20.55	6.71	−2.66
22.80	59.36	372.34	370.73	1 176.64	27.04	1.01	10.93
41.36	37.82	197.24	195.33	183.65	9.16	57.91	33.53
2.45	56.50	142.27	119.33	196.13	1.97	10.54	16.84
8.70	30.25	263.41	223.28	106.85	−2.17	−5.47	−3.88
1.52	68.32	240.28	239.07	174.60	−53.73	14.27	15.68
—	—	—	—	—	—	—	—
35.11	72.75	13.05	11.78	87.87	−1.14	10.67	−7.83
—	—	—	—	—	—	—	—

2014 年度全国旅游行业经济效益

地　区	财务效益				资产营运状况		
	净资产收益率(%)	总资产报酬率(%)	营　业利润率(%)	成本费用利润率(%)	总资产周转率(%)	流动资产周转率(%)	存　货周转率（次）
全　国	3.99	3.20	9.74	15.27	16.83	50.94	1.17
北　京	1.35	1.48	2.93	6.98	13.03	55.39	13.92
天　津	1.92	1.77	7.09	8.80	20.99	62.68	4.69
河　北	2.87	2.41	6.26	8.87	20.56	68.91	1.42
山　西	−1.06	0.02	−10.46	−4.30	9.90	31.73	7.10
内蒙古	0.45	1.64	−2.87	4.41	9.19	32.64	2.12
辽　宁	−0.19	1.16	−6.39	2.09	13.32	81.90	6.06
吉　林	0.55	0.77	0.42	4.25	10.40	62.78	7.09
黑龙江	2.06	1.73	−7.28	8.85	17.17	104.98	57.85
上　海	5.99	4.85	14.49	21.05	19.57	67.17	0.78
江　苏	1.46	1.28	−7.46	7.24	8.16	18.83	0.39
浙　江	2.82	3.15	8.19	15.33	13.90	40.46	1.49
安　徽	7.62	4.73	12.84	25.78	17.60	40.60	0.37
福　建	4.38	3.53	13.15	16.68	21.01	47.28	0.61
江　西	3.11	1.90	4.72	4.93	39.45	87.47	2.87
山　东	2.66	2.78	5.85	11.49	17.68	90.65	3.95

评价主要财务指标表（全部旅游景区）

	偿债能力状况				发展能力状况		
应收账款周转率（次）	资产负债率(%)	流动比率(%)	速动比率(%)	长期资产适合率(%)	销售增长率(%)	资本积累率(%)	总资产增长率(%)
7.33	54.29	104.09	83.58	194.88	12.66	14.01	16.29
1.43	49.73	107.86	105.94	208.54	28.06	23.74	3.01
3.11	30.74	109.30	103.84	196.30	4.06	2.75	0.35
4.57	46.94	99.43	80.31	136.00	6.36	7.08	12.62
10.77	51.52	67.24	66.35	148.43	16.29	26.99	14.06
3.27	32.83	94.06	87.97	410.55	–4.67	147.77	68.58
116.90	57.47	62.81	59.43	141.22	7.54	28.89	–1.37
132.00	31.99	67.65	64.34	109.98	22.98	1.90	4.21
202.37	24.51	128.18	126.91	171.53	20.71	1.58	9.50
29.49	57.59	79.18	49.12	148.54	16.01	3.45	6.12
2.64	66.74	120.63	92.57	236.79	15.93	8.62	20.82
13.81	56.17	105.19	94.27	203.68	12.10	15.64	17.32
7.74	55.94	131.11	46.59	241.90	48.29	44.22	70.47
4.51	51.14	123.53	82.76	309.29	15.32	7.14	15.66
20.90	44.09	148.09	122.15	211.74	8.73	3.06	5.27
14.27	55.54	58.62	52.47	151.03	8.87	7.42	5.39

地　区	财务效益				资产营运状况		
	净资产收益率(%)	总资产报酬率(%)	营　业利润率(%)	成本费用利润率(%)	总资产周转率(%)	流动资产周转率(%)	存　货周转率(次)
河　南	2.92	3.94	12.21	14.09	20.28	110.77	3.48
湖　北	4.30	3.49	11.57	16.94	16.00	64.25	2.33
湖　南	6.24	5.17	16.78	21.87	23.31	97.54	6.78
广　东	12.59	8.59	26.73	37.14	29.77	96.93	9.34
广　西	6.79	4.73	12.99	18.06	21.13	54.00	0.68
海　南	11.38	10.67	32.02	48.36	30.58	79.38	5.46
重　庆	0.80	1.49	–2.18	3.10	11.55	40.51	2.83
四　川	6.81	6.02	13.53	15.37	35.02	120.20	9.37
贵　州	5.33	3.96	8.47	12.31	23.57	57.02	3.77
云　南	4.19	3.36	11.36	13.49	19.99	58.28	1.89
陕　西	4.83	3.00	8.89	14.04	18.27	39.19	0.58
甘　肃	0.99	1.85	1.91	3.59	23.99	58.43	0.93
青　海	0.97	0.92	–73.40	10.36	3.84	25.76	3.51
宁　夏	7.69	6.65	21.62	30.96	22.12	99.23	17.01
新　疆	–2.90	0.45	–4.23	–4.40	13.27	32.18	0.40
西　藏	—	—	—	—	—	—	—

续表

	偿债能力状况				发展能力状况		
应收账款周转率(次)	资产负债率(%)	流动比率(%)	速动比率(%)	长期资产适合率(%)	销售增长率(%)	资本积累率(%)	总资产增长率(%)
17.49	41.46	78.90	69.97	194.12	11.42	8.45	14.23
8.89	57.32	66.57	58.37	158.09	14.25	8.98	14.36
14.43	45.99	107.73	100.96	230.06	1.95	12.26	12.34
29.62	37.25	173.36	164.82	169.12	18.34	7.23	7.31
21.26	53.39	119.07	85.16	209.04	17.19	10.64	13.85
33.81	30.05	158.32	153.26	257.10	25.62	9.59	9.02
11.62	71.17	77.18	69.63	177.23	19.80	8.48	31.36
25.83	43.82	110.18	102.74	148.00	8.94	15.32	14.11
16.40	61.32	84.90	80.57	166.89	39.14	30.66	46.50
13.78	53.00	103.62	92.15	207.58	−8.78	4.57	9.67
5.74	60.47	148.21	105.15	189.79	16.80	15.70	16.56
7.07	59.27	71.89	42.64	90.32	9.49	−1.78	−2.47
9.90	41.76	107.25	104.99	195.58	−0.10	17.06	26.52
87.78	36.56	147.63	145.61	168.59	10.41	20.74	16.42
12.72	64.95	90.12	57.12	140.60	−21.28	−6.51	8.94
—	—	—	—	—	—	—	—

2014 年度全国旅游行业经济效益

地 区	财务效益				资产营运状况		
	净资产收益率(%)	总资产报酬率(%)	营业利润率(%)	成本费用利润率(%)	总资产周转率(%)	流动资产周转率(%)	存货周转率(次)
全 国	2.88	2.71	8.16	12.10	15.80	46.58	1.14
北 京	1.17	1.65	–0.30	3.31	34.46	99.90	4.97
天 津	0.49	0.60	4.56	3.67	8.09	17.55	0.00
河 北	0.82	1.47	1.22	3.58	16.73	55.89	1.08
山 西	–2.28	–0.26	–9.31	–7.69	11.44	28.96	8.22
内蒙古	2.84	2.52	7.04	13.01	13.66	48.74	3.02
辽 宁	2.94	2.75	15.06	17.21	18.53	32.81	3.91
吉 林	–0.62	–0.11	–4.80	–0.55	18.79	47.23	7.60
黑龙江	–0.30	–0.15	–25.24	–1.26	14.17	76.47	129.65
上 海	–4.99	0.28	–38.90	–20.74	6.98	17.34	0.14
江 苏	1.94	1.06	4.50	10.15	8.15	16.44	0.30
浙 江	4.96	4.37	15.94	23.92	15.44	48.88	2.52
安 徽	4.72	3.77	6.73	16.23	19.48	77.39	7.67
福 建	–0.54	0.45	–3.90	–1.02	12.21	45.00	2.43
江 西	4.62	2.44	7.97	8.94	28.90	83.54	2.34
山 东	0.55	0.61	–3.95	2.75	14.16	70.51	3.76

评价主要财务指标表（自然类旅游景区）

	偿债能力状况				发展能力状况		
应收账款周转率（次）	资产负债率(%)	流动比率(%)	速动比率(%)	长期资产适合率(%)	销售增长率(%)	资本积累率(%)	总资产增长率(%)
9.88	54.78	105.49	87.78	213.44	15.19	9.73	17.62
46.29	56.13	47.75	42.88	80.25	21.88	0.69	32.16
69.51	44.17	109.27	109.27	136.83	40.59	6.03	11.45
3.48	52.53	88.14	74.37	132.00	–2.36	6.66	12.33
10.02	55.14	78.09	77.16	153.00	16.54	28.49	15.05
2.86	50.07	67.92	63.13	188.96	8.55	1.94	2.57
668.97	27.23	190.82	186.43	298.80	19.75	2.89	8.97
106.35	55.75	105.64	101.76	158.28	31.78	1.41	11.04
189.87	25.10	173.93	173.35	190.88	9.59	0.80	7.60
27.88	59.67	75.06	24.65	195.22	1.20	–4.98	6.64
3.29	68.47	156.78	109.94	402.54	15.84	8.64	26.40
31.72	56.34	107.66	101.16	205.86	19.92	14.22	22.98
8.69	49.69	68.88	66.19	229.27	11.02	2.99	12.11
7.98	50.14	117.78	106.85	320.98	7.69	8.22	20.32
24.36	52.40	99.46	83.05	176.46	7.09	4.73	8.79
8.39	45.50	57.23	51.83	145.09	17.30	5.02	15.65

地　区	财务效益				资产营运状况		
	净资产收益率(%)	总资产报酬率(%)	营　业利润率(%)	成本费用利润率(%)	总资产周转率(%)	流动资产周转率(%)	存　货周转率(次)
河　南	0.88	2.62	5.98	6.27	17.00	115.04	4.14
湖　北	2.95	3.39	9.68	15.67	14.29	51.62	1.48
湖　南	5.62	5.39	17.72	21.92	22.52	116.65	24.55
广　东	1.89	2.02	3.09	4.87	24.45	48.04	4.84
广　西	−0.68	1.40	−5.46	−1.18	15.71	43.74	27.03
海　南	12.01	11.23	31.53	46.06	33.54	91.42	8.45
重　庆	1.32	1.73	−6.44	5.15	8.79	25.64	3.08
四　川	7.21	6.46	13.78	15.56	36.77	145.06	12.09
贵　州	0.43	2.09	−1.58	2.86	15.70	41.09	3.65
云　南	4.42	3.11	11.63	15.04	15.81	45.78	1.52
陕　西	3.20	2.64	7.06	10.98	18.02	70.11	6.66
甘　肃	4.44	3.59	9.26	10.67	27.69	59.11	1.17
青　海	11.89	1.01	31.64	46.23	3.19	77.14	2.41
宁　夏	9.06	8.06	22.70	29.80	33.09	184.85	15.59
新　疆	−2.61	0.44	−5.40	−6.68	12.24	31.64	1.72
西　藏	—	—	—	—	—	—	—

续表

	偿债能力状况				发展能力状况		
应收账款周转率（次）	资产负债率(%)	流动比率(%)	速动比率(%)	长期资产适合率(%)	销售增长率(%)	资本积累率(%)	总资产增长率(%)
14.64	40.11	71.52	64.35	181.23	10.16	9.50	15.39
7.32	53.06	94.46	80.93	214.26	15.45	10.85	15.24
36.35	45.25	97.47	95.50	228.07	5.84	7.90	10.15
15.86	57.97	175.94	165.55	258.81	20.84	8.52	12.44
11.76	53.90	114.05	113.47	169.55	8.28	3.06	6.62
34.64	29.40	152.84	150.53	261.93	19.20	9.24	9.29
10.88	71.06	86.71	82.56	260.52	30.12	21.03	41.48
40.07	44.00	82.76	77.38	128.80	12.71	18.80	17.07
10.52	60.17	88.13	83.69	161.92	16.80	33.67	28.88
9.74	59.22	95.26	86.32	187.92	36.46	4.99	6.93
10.69	47.30	63.41	61.55	143.22	23.53	20.92	20.62
6.39	51.44	104.96	67.51	130.86	16.23	0.92	2.38
80.21	90.90	5.85	5.15	32.59	9.21	15.71	0.17
81.20	17.64	123.39	119.53	163.83	13.79	26.43	11.05
19.54	67.74	99.91	90.92	170.30	-14.86	-11.21	10.94
—	—	—	—	—	—	—	—

2014 年度全国旅游行业经济效益

地 区	财务效益				资产营运状况		
	净资产收益率(%)	总资产报酬率(%)	营 业利润率(%)	成本费用利润率(%)	总资产周转率(%)	流动资产周转率(%)	存 货周转率(次)
全 国	2.19	2.33	-2.19	10.15	13.63	36.96	0.93
北 京	2.77	0.77	0.43	2.50	27.88	53.55	24.26
天 津	—	—	—	—	—	—	—
河 北	8.12	6.68	0.44	8.70	76.96	181.69	129.62
山 西	1.15	0.67	-15.38	7.57	6.54	41.56	2.97
内蒙古	2.21	2.13	4.76	6.56	30.68	238.51	83.51
辽 宁	-2.79	-0.28	-38.49	-4.98	4.07	221.17	0.00
吉 林	60.73	14.76	0.02	1.78	831.10	1 385.24	0.00
黑龙江	—	—	—	—	—	—	—
上 海	-14.84	-5.05	-35.51	-14.09	26.78	71.30	1.80
江 苏	0.69	1.45	-69.42	3.50	5.45	15.25	0.42
浙 江	-15.01	-2.95	-140.11	-52.29	3.41	9.46	2.56
安 徽	7.92	8.42	29.37	41.52	20.43	129.00	10.08
福 建	18.53	16.05	29.61	42.89	51.76	86.64	1.57
江 西	0.34	0.22	3.76	1.68	13.39	14.17	0.55
山 东	2.01	2.73	3.68	13.31	16.40	102.38	2.47

评价主要财务指标表（文物类旅游景区）

	偿债能力状况				发展能力状况		
应收账款周转率（次）	资产负债率（%）	流动比率（%）	速动比率（%）	长期资产适合率（%）	销售增长率（%）	资本积累率（%）	总资产增长率（%）
4.22	58.14	119.96	97.93	236.93	9.76	6.99	11.77
285.00	75.27	311.62	308.01	981.53	8.02	1.18	0.38
—	—	—	—	—	—	—	—
60.45	19.06	149.41	147.41	129.11	18.36	13.79	12.89
21.95	47.57	38.10	37.35	125.14	20.94	28.03	12.65
13.76	20.56	59.10	58.53	114.23	73.80	–8.93	–5.76
3 067.78	89.91	2.31	2.30	10.63	1.13	–2.50	–2.55
0.00	74.43	51.06	31.39	41.25	6.60	87.21	–13.21
—	—	—	—	—	—	—	—
350.19	67.06	59.25	43.25	155.74	17.16	–13.82	–5.17
1.05	61.54	98.62	82.92	289.76	50.10	8.44	14.05
51.86	69.84	75.24	73.64	271.39	26.06	16.95	6.46
10.64	44.01	266.64	244.81	203.69	12.23	7.83	9.49
2.32	36.85	195.43	145.98	475.17	2.91	8.94	7.95
159.05	37.19	368.07	334.77	636.76	4.22	0.35	0.95
10.77	46.14	80.98	72.93	160.06	–10.58	3.65	6.10

地　区	财务效益				资产营运状况		
	净资产收益率(%)	总资产报酬率(%)	营　业利润率(%)	成本费用利润率(%)	总资产周转率(%)	流动资产周转率(%)	存　货周转率(次)
河　南	3.37	3.62	10.17	11.39	30.08	100.40	24.75
湖　北	-1.79	0.47	-6.36	-3.38	8.71	47.55	12.66
湖　南	6.74	4.64	12.17	16.44	28.56	71.40	9.51
广　东	-5.71	-2.25	-10.88	-9.21	21.99	88.54	21.54
广　西	21.38	13.07	15.50	24.70	62.64	120.51	30.41
海　南	-2.52	-2.34	-103.27	-31.39	3.66	8.26	0.57
重　庆	-4.19	-1.05	-5.04	-22.39	8.15	46.76	28.15
四　川	-0.42	0.00	-0.89	-0.56	33.84	85.24	4.86
贵　州	17.56	6.74	13.15	16.75	43.68	106.83	0.00
云　南	4.94	2.90	0.64	7.74	37.69	63.63	0.70
陕　西	7.98	4.20	27.54	37.67	12.82	19.95	0.15
甘　肃	2.05	1.68	1.45	3.73	31.77	114.86	80.95
青　海	0.30	0.62	-140.52	6.98	2.01	14.96	3.52
宁　夏	4.90	5.02	17.97	35.02	9.63	34.65	22.64
新　疆	-3.63	-3.15	-20.18	-17.05	15.37	174.49	11.00
西　藏	—	—	—	—	—	—	—

续表

	偿债能力状况				发展能力状况		
应收账款周转率(次)	资产负债率(%)	流动比率(%)	速动比率(%)	长期资产适合率(%)	销售增长率(%)	资本积累率(%)	总资产增长率(%)
61.18	29.00	102.76	100.94	297.57	9.42	-4.20	-1.28
4.84	72.77	30.93	30.26	96.08	22.32	-23.22	18.07
9.78	48.32	144.90	137.79	291.78	13.23	5.79	18.76
67.37	63.94	56.59	55.03	109.55	9.13	-16.64	1.57
39.67	41.69	133.19	131.91	281.42	12.71	76.57	36.30
44.32	8.45	32.16	29.09	1 077.23	1.42	9.02	11.78
1.27	60.82	29.20	28.86	88.52	5.50	-2.51	36.12
11.48	56.52	137.79	119.02	292.55	-18.04	-1.05	1.94
268.65	77.54	57.42	57.42	167.04	122.99	35.11	200.48
0.75	59.57	2 269.03	2 213.98	427.55	36.07	29.84	204.94
388.62	67.00	1 138.20	546.47	291.66	8.68	8.29	8.20
105.44	43.32	69.61	68.77	105.22	5.85	-1.52	-0.12
4.39	34.36	373.80	366.98	211.28	-11.41	15.94	33.06
188.58	57.11	169.83	169.47	174.47	-1.12	10.39	22.82
13.89	11.44	64.45	54.88	112.08	-43.80	-7.58	-7.24
—	—	—	—	—	—	—	—

2014 年度全国旅游行业经济效益

地 区	财务效益				资产营运状况		
	净资产收益率(%)	总资产报酬率(%)	营业利润率(%)	成本费用利润率(%)	总资产周转率(%)	流动资产周转率(%)	存货周转率(次)
全 国	6.40	4.32	15.20	21.25	19.80	65.81	1.31
北 京	1.28	1.56	4.63	9.61	9.69	50.16	18.62
天 津	2.17	2.03	7.28	9.19	23.77	77.12	4.69
河 北	7.59	5.71	15.64	20.11	33.29	114.12	2.05
山 西	-0.77	-0.70	-6.43	-6.17	10.69	115.18	21.41
内蒙古	-1.86	0.44	-70.70	-27.22	2.77	9.71	0.50
辽 宁	-1.63	0.91	-12.11	-1.09	12.70	131.05	6.55
吉 林	0.97	1.33	14.48	19.05	4.58	328.68	5.98
黑龙江	15.29	13.20	36.47	57.41	35.42	1 145.05	21.32
上 海	12.32	7.53	22.76	32.03	26.76	113.45	4.80
江 苏	1.41	1.52	4.31	6.28	10.62	28.45	1.13
浙 江	6.95	5.72	15.76	29.12	20.10	47.25	0.84
安 徽	9.48	4.35	11.66	28.57	15.89	26.81	0.23
福 建	8.57	4.81	16.29	20.65	26.81	33.68	0.31
江 西	2.40	1.75	2.36	2.41	73.09	165.36	4.05
山 东	5.52	4.05	10.71	14.71	20.40	96.97	4.84

评价主要财务指标表（主题类旅游景区）

	偿债能力状况				发展能力状况		
应收账款周转率（次）	资产负债率(%)	流动比率(%)	速动比率(%)	长期资产适合率(%)	销售增长率(%)	资本积累率(%)	总资产增长率(%)
6.72	51.91	95.34	71.09	161.24	10.55	24.01	16.25
0.88	46.14	100.26	99.29	203.36	38.83	27.25	1.50
2.91	27.66	109.32	101.85	212.69	2.11	2.19	–1.89
9.69	27.46	176.71	120.24	148.84	26.15	7.94	13.68
4.39	11.02	79.19	76.03	2 194.02	–9.83	7.32	7.21
22.96	18.00	199.53	188.14	1 317.17	–49.72	983.91	288.18
95.34	62.34	41.71	37.96	136.71	4.57	44.19	–3.24
307.72	15.59	6.82	4.44	94.88	5.25	2.07	–0.03
241.06	21.12	9.86	6.81	102.83	60.31	6.11	21.82
29.58	56.34	83.83	75.41	136.05	18.60	8.66	5.89
4.88	68.08	84.12	74.29	114.54	5.03	8.79	17.22
5.41	41.34	147.74	105.12	165.46	–5.19	18.65	11.83
6.70	60.61	145.22	37.25	264.55	119.40	103.64	146.90
8.17	59.47	112.57	42.49	225.98	38.82	3.13	9.44
17.71	31.34	179.43	130.40	207.53	10.46	2.17	1.11
24.47	66.98	51.91	46.00	149.38	16.51	13.83	–0.45

地　区	财务效益				资产营运状况		
	净资产收益率(%)	总资产报酬率(%)	营　业利润率(%)	成本费用利润率(%)	总资产周转率(%)	流动资产周转率(%)	存　货周转率(次)
河　南	32.75	15.53	38.57	64.61	36.72	106.02	1.01
湖　北	13.50	4.96	17.75	23.21	24.69	135.07	12.19
湖　南	6.75	5.22	19.20	26.45	21.22	105.85	2.97
广　东	17.37	14.00	40.49	68.26	34.11	190.65	22.34
广　西	17.26	9.32	30.59	45.86	25.93	60.15	0.34
海　南	9.39	8.90	37.23	70.47	18.95	41.04	2.27
重　庆	0.90	1.39	2.65	2.76	18.39	101.88	2.48
四　川	8.25	7.66	22.36	28.89	28.07	73.65	5.98
贵　州	17.25	14.01	27.06	38.23	49.16	114.36	4.14
云　南	3.83	3.95	11.22	11.68	29.58	87.56	2.35
陕　西	4.05	1.58	−3.73	4.24	28.31	57.66	13.54
甘　肃	−10.95	−1.18	−18.91	−11.77	17.02	53.47	0.40
青　海	13.07	6.22	−36.94	11.40	39.65	54.95	5.43
宁　夏	22.18	18.21	−22.41	42.34	34.89	176.86	0.00
新　疆	−3.30	0.75	−1.17	0.55	15.08	30.95	0.18
西　藏	—	—	—	—	—	—	—

续表

	偿债能力状况				发展能力状况		
应收账款周转率(次)	资 产负债率(%)	流动比率(%)	速动比率(%)	长期资产适合率(%)	销 售增长率(%)	资 本积累率(%)	总资产增长率(%)
18.92	65.45	97.84	73.55	275.07	18.83	26.87	24.32
18.90	66.43	33.36	31.24	65.22	10.95	14.51	10.04
10.25	45.50	91.30	79.21	208.00	-9.45	22.59	11.41
49.11	20.03	192.71	186.54	141.75	17.42	7.49	4.03
67.68	53.79	123.78	44.42	327.88	28.83	18.17	24.58
28.42	34.07	182.82	166.48	226.81	117.03	11.30	7.72
32.42	73.43	60.42	39.49	113.36	11.39	-13.49	10.60
12.77	35.72	490.98	473.62	213.56	13.82	9.70	9.03
28.31	25.84	183.95	157.86	209.77	19.68	15.22	18.04
73.49	38.74	119.30	101.89	266.15	-35.89	3.68	14.99
2.52	74.21	85.39	83.58	136.94	16.09	13.42	24.55
8.67	75.03	34.74	13.71	40.21	-5.64	-10.53	-10.56
0.00	43.89	165.49	163.43	176.34	10.78	54.01	4.84
5.24	18.88	83.52	79.12	126.84	17.29	24.94	26.37
8.15	63.37	79.24	18.38	93.35	-27.48	3.06	6.53
—	—	—	—	—	—	—	—

2014 年度全国旅游行业经济效益

地　区	财务效益				资产营运状况		
	净资产收益率(%)	总资产报酬率(%)	营　业利润率(%)	成本费用利润率(%)	总资产周转率(%)	流动资产周转率(%)	存　货周转率(次)
全　国	5.05	4.32	6.84	9.25	35.21	61.68	1.99
北　京	1.08	1.03	1.91	1.97	52.55	193.48	59.97
天　津	—	—	—	—	—	—	—
河　北	11.16	7.04	32.48	48.26	17.97	36.85	0.22
山　西	19.92	6.89	15.60	18.41	25.85	35.73	10.76
内蒙古	-4.18	-0.55	-21.33	-10.90	10.04	30.95	8.80
辽　宁	-2.42	-0.87	-2.74	-2.80	30.38	150.96	9.43
吉　林	19.90	10.38	30.70	44.31	33.82	287.49	9.45
黑龙江	-0.09	-0.06	-11.12	-0.34	16.29	30.35	1.19
上　海	25.18	19.75	11.12	13.17	162.16	286.45	9.86
江　苏	1.98	3.13	2.28	2.38	52.01	81.21	3.98
浙　江	0.44	1.32	6.04	7.55	9.76	20.32	12.50
安　徽	-1.32	3.20	-2.64	-0.53	18.99	44.37	5.54
福　建	8.87	5.67	9.36	11.75	52.70	97.93	7.50
江　西	-2.47	-0.57	-8.97	-8.41	10.81	19.96	0.20
山　东	2.64	2.38	5.66	7.10	26.42	36.61	0.70

评价主要财务指标表（其他旅游企业）

	偿债能力状况				发展能力状况		
应收账款周转率（次）	资产负债率（%）	流动比率（%）	速动比率（%）	长期资产适合率（%）	销售增长率（%）	资本积累率（%）	总资产增长率（%）
15.85	55.67	156.88	121.39	236.39	7.71	10.23	13.23
132.64	12.54	214.46	209.04	120.16	16.27	–1.12	–2.58
—	—	—	—	—	—	—	—
6.48	51.15	197.41	147.31	166.70	16.39	11.82	27.66
5.08	82.73	30.14	28.95	23.81	–9.26	–45.91	–33.75
5.06	73.16	47.24	46.60	178.85	–11.64	8.82	19.90
164.27	56.21	44.50	40.61	77.61	–12.14	–2.34	2.47
11.58	47.13	303.34	297.21	110.32	–5.76	1.19	–1.51
0.44	31.32	200.80	174.90	160.67	51.97	24.11	18.37
27.17	39.38	163.12	128.16	172.82	–12.87	11.27	0.54
27.56	57.91	149.66	123.69	255.30	7.22	14.03	17.13
15.13	55.23	269.14	267.78	963.32	11.33	12.68	15.21
9.60	78.44	180.89	168.93	168.38	0.86	3.51	0.96
33.87	57.00	125.91	120.89	225.13	1.92	1.67	10.71
2.45	59.59	92.92	41.86	225.93	10.04	–2.45	0.98
1.49	58.22	130.44	82.84	312.95	2.16	12.91	61.40

地区	财务效益				资产营运状况		
	净资产收益率(%)	总资产报酬率(%)	营业利润率(%)	成本费用利润率(%)	总资产周转率(%)	流动资产周转率(%)	存货周转率(次)
河南	7.66	4.55	8.30	9.52	32.48	58.76	1.61
湖北	-0.65	1.95	-2.46	0.58	22.60	89.77	3.53
湖南	25.80	19.65	33.75	51.01	47.64	77.45	1.68
广东	-10.81	-5.52	-29.54	-11.99	40.82	122.46	53.53
广西	4.06	3.62	29.06	41.33	11.76	15.70	28.27
海南	23.19	19.36	20.60	26.07	93.51	108.95	2.80
重庆	4.31	5.00	1.44	2.15	76.06	170.78	8.92
四川	-2.99	1.35	-26.50	-7.44	5.22	7.46	0.17
贵州	0.10	0.55	-10.68	2.19	7.28	37.43	7.12
云南	1.69	1.43	-4.44	3.35	31.04	62.22	0.76
陕西	-0.85	0.33	-8.55	-1.68	24.75	67.64	20.60
甘肃	2.18	1.41	8.73	10.24	10.82	69.41	1.58
青海	7.40	5.42	38.11	61.58	14.21	78.45	0.74
宁夏	—	—	—	—	—	—	—
新疆	-7.71	-4.35	-21.43	-14.49	25.16	103.54	4.78
西藏	—	—	—	—	—	—	—

续表

	偿债能力状况				发展能力状况		
应收账款周转率（次）	资产负债率(%)	流动比率(%)	速动比率(%)	长期资产适合率(%)	销售增长率(%)	资本积累率(%)	总资产增长率(%)
8.90	65.44	92.64	76.24	110.49	–0.29	–0.34	–0.43
5.91	51.07	74.69	62.59	163.10	61.85	40.47	23.80
11.85	56.27	290.48	251.60	334.38	–0.09	18.76	42.94
35.02	37.56	107.42	104.92	119.52	26.58	–9.81	–7.06
19.87	28.19	380.21	379.59	424.17	7.69	3.98	–0.03
1 087.23	38.22	215.62	155.65	1 141.02	23.97	6.59	13.43
40.35	71.85	75.25	63.31	220.80	14.09	1.19	12.73
11.24	78.20	340.90	244.67	278.77	–57.08	4.79	5.48
10.04	15.37	234.68	229.12	575.38	2.72	21.74	24.66
26.10	43.08	108.85	36.11	122.49	71.37	19.04	11.92
39.67	54.82	197.68	193.31	160.62	–11.73	–16.05	15.32
2.74	62.88	19.02	11.63	176.29	–9.43	1.58	68.87
4.35	27.59	86.72	61.63	95.80	26.64	7.68	10.15
—	—	—	—	—	—	—	—
33.42	41.57	69.46	66.16	126.94	0.81	6.80	5.23
—	—	—	—	—	—	—	—

2014 年度全国旅游行业经济效益

地　区	人均增加值(元)				
	全国旅游行　业	旅行社	旅　游饭　店	旅　游景　区	旅　游集　团
全　国	116 864.95	65 703.97	91 354.11	110 084.49	216 509.81
北　京	154 011.70	97 118.54	190 782.04	112 831.94	145 006.75
天　津	68 922.97	48 816.00	66 219.02	150 679.17	—
河　北	68 967.07	33 353.15	74 693.45	57 098.67	183 781.57
山　西	48 586.00	30 868.08	56 976.64	38 359.56	—
内蒙古	57 629.42	45 651.76	69 991.21	38 244.40	—
辽　宁	85 325.84	66 995.93	55 806.41	251 219.09	118 883.75
吉　林	63 390.95	26 121.60	42 402.81	160 726.89	180 101.07
黑龙江	51 237.20	20 957.10	56 419.91	14 683.43	102 840.72
上　海	226 815.70	132 227.65	176 931.11	189 875.89	337 501.90
江　苏	96 922.02	60 619.83	82 266.19	135 928.49	92 797.25
浙　江	88 825.31	49 272.52	92 216.85	102 433.76	95 907.41
安　徽	66 456.87	45 289.71	50 397.97	73 468.74	139 906.39
福　建	75 333.37	54 257.52	76 254.86	88 621.96	70 566.23
江　西	50 375.54	30 803.85	54 282.86	52 888.38	—
山　东	78 610.36	87 659.41	61 625.76	138 207.05	–29 063.58

评价补充财务指标表（全部旅游企业）

	人均财政贡献（元）					
其他旅游企业	全国旅游行业	旅行社	旅游饭店	旅游景区	旅游集团	其他旅游企业
153 321.57	22 160.47	7 817.30	14 523.84	17 043.40	56 670.36	28 443.82
64 918.50	28 991.58	17 206.80	24 583.65	19 337.86	35 595.37	7 696.17
—	12 125.13	7 744.18	10 335.49	41 754.34	—	—
281 770.67	20 663.88	3 572.38	28 587.34	6 892.49	10 801.23	23 407.27
75 648.81	4 780.89	2 693.38	5 519.44	4 360.79	—	6 115.76
52 421.31	8 251.51	3 507.41	9 051.04	9 684.19	4 848.87	9 989.65
31 973.19	12 505.88	7 504.37	12 809.50	22 478.54	14 557.20	5 408.54
100 361.38	12 091.99	2 223.86	12 259.24	13 544.26	26 152.43	3 088.73
15 961.24	9 050.63	3 836.90	10 656.57	5 413.84	17 351.40	808.38
190 268.63	31 528.78	14 006.67	24 300.41	25 705.99	48 761.63	40 333.26
367 217.53	14 834.39	6 927.08	13 734.06	14 297.49	29 266.61	38 747.88
94 286.87	19 910.59	6 825.48	18 721.68	26 286.95	26 099.58	23 965.29
57 003.28	18 869.26	3 741.78	8 311.30	26 159.96	44 258.60	13 426.48
104 079.66	13 307.44	7 183.90	13 140.81	21 508.01	8 788.00	18 590.98
52 354.37	8 365.72	3 939.77	8 355.98	12 874.85	—	18 093.79
64 612.88	12 732.06	8 189.26	10 915.22	23 652.85	3 762.31	14 368.82

地　区	人均增加值(元)				
	全国旅游行　业	旅行社	旅　游饭　店	旅　游景　区	旅　游集　团
河　南	97 927.10	28 185.94	93 155.36	108 341.44	—
湖　北	66 583.20	47 173.19	61 500.18	88 593.86	93 127.02
湖　南	75 869.56	43 541.08	69 943.76	95 143.17	—
广　东	298 713.94	59 041.68	78 492.49	170 639.53	598 214.94
广　西	–28 597.04	135 101.14	–156 716.69	72 520.79	96 661.45
海　南	156 700.55	42 601.65	95 252.98	198 638.13	—
重　庆	71 688.60	58 672.05	93 839.64	58 969.47	45 198.16
四　川	72 347.88	52 950.06	71 934.32	108 554.44	69 093.54
贵　州	130 851.15	45 652.21	160 716.89	67 130.75	185 371.53
云　南	139 340.86	38 742.37	165 832.74	113 305.32	248 829.59
陕　西	65 574.30	32 504.65	59 269.76	98 532.23	66 119.58
甘　肃	46 952.67	41 344.97	40 845.79	67 298.73	—
青　海	66 977.90	27 745.33	61 743.62	23 450.25	213 151.55
宁　夏	100 031.82	27 394.69	57 327.96	164 904.49	—
新　疆	91 875.63	52 658.98	94 113.93	106 925.54	105 155.51
西　藏	—	—	—	—	—

续表

	人均财政贡献(元)					
其他旅游企业	全国旅游行业	旅行社	旅游饭店	旅游景区	旅游集团	其他旅游企业
218 445.42	14 333.63	2 190.89	12 323.59	20 245.36	—	32 547.72
63 382.48	9 708.81	6 011.05	11 094.24	9 841.74	10 960.18	10 886.62
215 664.92	11 622.92	4 812.72	8 989.72	16 611.53	—	61 551.28
–9 918.46	84 092.62	8 319.53	17 834.47	15 060.17	—	15 777.90
118 664.67	8 826.29	3 305.00	8 590.18	8 526.77	12 552.71	16 242.23
347 775.30	23 973.51	3 948.91	16 983.13	38 377.73	—	44 542.88
75 323.54	11 592.43	5 696.46	12 967.69	7 472.49	13 959.47	21 416.00
38 127.33	11 046.98	5 552.00	9 607.94	14 345.55	18 325.72	17 184.02
25 564.02	14 704.57	6 301.47	10 668.96	7 414.94	62 656.65	9 302.47
93 561.26	16 608.94	4 979.58	9 614.61	17 204.62	40 963.44	43 798.67
52 456.60	14 354.06	3 649.41	10 165.59	14 685.41	21 383.76	12 715.98
112 016.55	8 464.15	5 563.11	6 322.93	16 789.76	697.12	30 808.05
41 133.26	6 759.93	1 955.02	7 680.25	3 343.23	9 909.73	1 425.00
—	8 640.50	2 641.10	8 604.52	10 521.38	—	—
78 224.20	11 178.69	4 979.90	10 858.84	16 311.46	18 808.11	9 207.07
—	—	—	—	—	—	—

全部旅游企业

2014 年度全国旅游行业经济效益

地　区	入境旅游收入比率(%)	自联入境旅游收入比率(%)	国内旅游收入比率(%)
全　国	7.65	2.91	51.45
北　京	6.28	3.73	29.54
天　津	9.32	8.87	69.45
河　北	6.20	0.39	32.82
山　西	11.26	3.20	43.57
内蒙古	4.98	2.13	63.32
辽　宁	13.66	5.90	38.68
吉　林	8.79	5.45	62.93
黑龙江	20.74	5.05	57.30
上　海	4.03	1.68	46.34
江　苏	2.65	1.01	62.53
浙　江	4.79	2.20	61.45
安　徽	3.76	1.72	74.25
福　建	11.79	3.86	63.69
江　西	15.95	0.31	79.58
山　东	16.40	3.58	52.06

评价补充财务指标表（全部旅行社）

出境旅游收入比率(%)	自联入境旅游收入毛利率(%)	国内旅游收入毛利率(%)	出境旅游收入毛利率(%)
40.90	7.74	6.57	6.92
64.18	8.62	6.23	6.09
21.22	4.77	6.40	10.72
60.98	6.69	12.54	3.67
45.16	3.67	6.62	4.51
31.70	13.09	13.33	6.51
47.67	6.99	7.09	6.61
28.28	4.33	20.72	18.34
21.96	5.86	7.22	7.33
49.64	10.04	6.08	9.54
34.83	7.75	6.45	2.42
33.76	15.55	8.19	12.91
21.99	9.77	7.24	6.40
24.53	5.08	5.80	5.92
4.47	4.03	6.40	6.33
31.53	4.60	7.39	6.33

地　区	入境旅游收入比率(%)	自联入境旅游收入比率(%)	国内旅游收入比率(%)
河　南	10.21	8.29	60.44
湖　北	11.53	1.89	57.98
湖　南	18.59	1.22	54.19
广　东	4.94	2.25	50.12
广　西	10.73	7.40	60.99
海　南	4.70	2.24	90.87
重　庆	7.59	5.17	58.92
四　川	13.39	5.65	63.09
贵　州	10.17	3.73	70.68
云　南	7.18	2.35	82.78
陕　西	16.38	5.63	54.96
甘　肃	12.27	3.09	65.43
青　海	4.54	2.61	66.78
宁　夏	10.65	1.13	55.85
新　疆	8.65	4.22	49.38
西　藏	—	—	—

续表

出境旅游收入比率(%)	自联入境旅游收入毛利率(%)	国内旅游收入毛利率(%)	出境旅游收入毛利率(%)
29.35	4.67	7.95	11.49
30.49	13.59	7.84	5.27
27.22	1.31	5.87	6.98
44.95	7.18	6.68	5.11
28.29	17.66	8.96	4.92
4.43	7.82	5.16	7.42
33.49	4.19	4.49	6.65
23.52	2.17	4.59	4.67
19.15	7.31	7.86	6.61
10.05	3.24	4.46	5.02
28.66	10.75	5.82	3.37
22.31	3.47	7.80	1.88
28.68	7.49	8.03	7.20
33.51	1.94	1.88	4.69
41.98	11.24	9.33	8.02
—	—	—	—

2014 年度全国旅游行业经济效益

地　区	入境旅游收入比率（%）	自联入境旅游收入比率（%）	国内旅游收入比率（%）
全　国	8.29	3.22	39.67
北　京	5.17	3.08	25.12
天　津	17.39	17.05	41.82
河　北	6.96	0.43	17.34
山　西	11.37	3.66	36.16
内蒙古	5.46	2.20	41.97
辽　宁	13.93	5.94	36.82
吉　林	6.00	2.12	54.19
黑龙江	21.95	4.79	53.74
上　海	3.29	1.70	30.17
江　苏	3.00	1.23	53.29
浙　江	6.64	3.12	36.31
安　徽	5.50	2.70	57.88
福　建	13.68	4.84	55.36
江　西	25.52	0.09	66.77
山　东	19.25	4.15	42.26

评价补充财务指标表（经营出境游旅行社）

出境旅游收入比率(%)	自联入境旅游收入毛利率(%)	国内旅游收入毛利率(%)	出境旅游收入毛利率(%)
52.04	7.25	5.66	6.92
69.71	7.24	5.07	6.09
40.78	4.77	6.62	10.72
75.69	6.68	16.66	3.67
52.46	3.55	4.83	4.51
52.57	7.94	13.59	6.51
49.25	6.99	7.01	6.61
39.82	3.24	22.96	18.34
24.31	5.63	5.09	7.33
66.54	9.78	6.93	9.54
43.71	7.34	2.80	2.42
57.05	16.66	8.00	12.91
36.62	10.00	6.85	6.40
30.96	5.09	4.34	5.92
7.71	1.50	2.98	6.33
38.48	4.49	7.04	6.33

地　区	入境旅游收入比率(%)	自联入境旅游收入比率(%)	国内旅游收入比率(%)
河　南	14.47	12.11	42.59
湖　北	13.91	2.17	46.27
湖　南	22.57	1.58	40.87
广　东	5.03	2.46	44.57
广　西	14.01	11.81	40.04
海　南	8.53	4.13	78.71
重　庆	8.67	6.17	51.13
四　川	14.85	6.20	57.00
贵　州	14.38	5.54	57.20
云　南	9.56	3.41	72.73
陕　西	16.97	4.63	43.46
甘　肃	16.63	3.48	46.89
青　海	6.38	4.04	46.74
宁　夏	8.56	1.41	47.02
新　疆	8.13	4.66	40.62
西　藏	—	—	—

续表

出境旅游收入比率(%)	自联入境旅游收入毛利率(%)	国内旅游收入毛利率(%)	出境旅游收入毛利率(%)
42.94	4.67	5.25	11.49
39.82	14.31	5.97	5.27
36.56	0.90	5.06	6.98
50.40	7.21	6.70	5.11
45.96	17.61	6.13	4.92
12.76	6.04	6.53	7.42
40.19	4.21	4.23	6.65
28.16	2.23	3.41	4.67
28.42	7.31	5.38	6.61
17.70	3.03	4.59	5.02
39.57	6.60	5.02	3.37
36.49	3.23	3.85	1.88
46.88	7.35	5.84	7.20
44.42	0.94	–0.80	4.69
51.24	10.18	8.44	8.02
—	—	—	—

2014 年度全国旅游行业经济效益

地　区	入境旅游收入比率（%）	自联入境旅游收入比率（%）	国内旅游收入比率（%）
全　国	5.28	1.78	94.72
北　京	19.15	11.27	80.85
天　津	0.57	0.00	99.43
河　北	3.01	0.23	96.99
山　西	10.56	0.35	89.31
内蒙古	4.24	2.03	95.73
辽　宁	5.50	4.58	94.50
吉　林	15.64	13.61	84.36
黑龙江	9.46	7.44	90.54
上　海	6.20	1.63	93.80
江　苏	1.25	0.17	98.74
浙　江	2.13	0.87	97.87
安　徽	1.14	0.24	98.86
福　建	4.56	0.12	95.44
江　西	2.70	0.61	97.30
山　东	3.48	1.00	96.52

评价补充财务指标表（经营非出境游旅行社）

出境旅游收入比率(%)	自联入境旅游收入毛利率(%)	国内旅游收入毛利率(%)	出境旅游收入毛利率(%)
0.00	11.43	7.98	11.00
0.00	12.98	10.40	—
0.00	—	6.29	—
0.00	9.38	9.44	—
0.13	11.67	11.07	—
0.03	27.16	13.15	—
0.00	6.18	8.08	—
0.00	4.83	17.20	—
0.00	14.39	18.69	—
0.00	10.96	5.27	—
0.01	18.91	14.19	11.00
0.00	5.95	8.30	—
0.00	5.93	7.58	—
0.00	2.95	9.02	—
0.00	4.58	9.67	—
0.00	12.96	8.08	—

地　区	入境旅游收入比率(%)	自联入境旅游收入比率(%)	国内旅游收入比率(%)
河　南	1.00	0.05	99.00
湖　北	3.74	0.95	96.26
湖　南	6.96	0.16	93.04
广　东	4.16	0.58	95.84
广　西	5.47	0.34	94.53
海　南	2.66	1.23	97.34
重　庆	2.18	0.14	97.82
四　川	5.98	2.87	94.02
贵　州	1.45	0.00	98.55
云　南	4.04	0.96	95.96
陕　西	14.82	8.27	85.18
甘　肃	5.40	2.49	94.60
青　海	1.65	0.36	98.35
宁　夏	17.05	0.30	82.95
新　疆	10.97	2.22	89.03
西　藏	—	—	—

续表

出境旅游收入比率(%)	自联入境旅游收入毛利率(%)	国内旅游收入毛利率(%)	出境旅游收入毛利率(%)
0.00	6.00	10.47	—
0.00	4.01	10.76	—
0.00	13.05	6.91	—
0.00	5.99	6.58	—
0.00	20.53	10.86	—
0.00	11.76	4.57	—
0.00	0.11	5.15	—
0.00	1.46	8.32	—
0.00	—	10.89	—
0.00	4.20	4.33	—
0.00	17.06	6.84	—
0.00	4.23	10.88	—
0.00	10.12	9.68	—
0.00	16.49	6.54	—
0.00	21.51	11.18	—
—	—	—	—

2014 年度全国旅游行业经济效益

地　区	平均客房出租率 (%)	平均房价 (元)	房费收入比　率 (%)	餐饮收入比　率 (%)
全　国	54.90	352.01	44.27	40.79
北　京	60.66	526.13	48.49	31.88
天　津	50.06	478.01	41.86	50.81
河　北	44.76	265.52	38.40	46.41
山　西	48.49	273.19	43.68	44.02
内蒙古	45.32	275.21	41.37	47.68
辽　宁	47.96	355.50	42.30	42.69
吉　林	45.61	309.89	49.02	38.57
黑龙江	51.20	282.33	50.13	39.09
上　海	66.67	518.83	49.97	33.04
江　苏	54.12	361.07	38.32	52.03
浙　江	55.52	345.16	31.63	44.27
安　徽	47.13	239.65	39.47	54.13
福　建	56.71	344.03	43.06	43.22
江　西	61.39	272.07	61.14	36.25
山　东	51.23	325.33	39.96	48.27

评价补充财务指标表（全部旅游饭店）

商品收入比率(%)	娱乐收入比率(%)	餐饮毛利率(%)	商品毛利率(%)	娱乐毛利率(%)
3.32	0.97	51.53	25.91	69.03
1.05	0.76	58.54	34.03	85.68
2.25	0.58	37.16	27.52	77.49
2.66	1.05	45.58	38.61	84.87
1.01	0.13	48.17	35.25	63.19
2.53	0.20	51.24	52.95	63.43
2.72	0.78	54.99	72.63	65.05
0.78	1.05	44.43	51.85	68.90
0.97	1.61	51.43	35.02	48.17
0.76	0.21	57.91	25.58	87.39
2.05	0.78	51.96	19.72	77.19
15.41	0.99	49.39	20.27	75.29
1.77	0.44	48.90	26.08	77.52
0.55	2.79	47.86	41.76	55.12
0.48	0.38	33.42	53.96	58.16
2.64	0.40	47.70	46.06	88.92

地　区	平均客房出租率(%)	平均房价（元）	房费收入比　率(%)	餐饮收入比　率(%)
河　南	58.48	214.60	43.29	41.96
湖　北	53.25	264.49	47.25	43.02
湖　南	63.09	224.23	44.61	43.64
广　东	56.97	444.98	44.07	41.50
广　西	52.92	224.06	45.64	40.75
海　南	53.05	532.05	62.75	30.69
重　庆	55.10	337.70	44.59	35.47
四　川	54.84	314.54	47.95	38.93
贵　州	57.64	311.39	57.52	34.19
云　南	47.19	222.12	56.26	28.88
陕　西	53.97	265.24	44.84	45.48
甘　肃	46.44	178.79	46.12	47.20
青　海	43.17	295.17	54.71	35.72
宁　夏	41.85	292.57	40.80	47.78
新　疆	43.59	274.03	42.78	44.39
西　藏	—	—	—	—

续表

商品收入比　率(%)	娱乐收入比　率(%)	餐　饮毛利率(%)	商　品毛利率(%)	娱　乐毛利率(%)
2.07	0.87	44.54	50.27	60.41
0.98	0.88	51.57	39.77	73.05
1.66	3.13	47.40	31.82	67.75
1.78	1.82	56.85	50.16	54.46
1.08	1.36	50.00	48.96	68.66
0.21	0.78	59.90	51.44	86.17
6.62	0.74	53.55	19.58	65.61
1.19	1.91	48.60	40.10	80.10
2.10	0.14	54.78	29.26	54.05
2.11	1.38	44.67	34.69	51.46
1.18	0.50	49.84	34.52	53.07
1.19	0.34	43.32	28.25	91.19
1.35	0.14	54.75	35.57	92.20
1.57	0.10	48.10	43.88	49.15
0.57	0.77	53.19	31.35	66.68
—	—	—	—	—

2014 年度全国旅游行业经济效益

地　区	平均客房出租率(%)	平均房价(元)	房费收入比　率(%)	餐饮收入比　率(%)
全　国	55.02	666.00	45.73	41.61
北　京	63.64	795.08	47.92	36.50
天　津	42.88	667.36	43.74	51.36
河　北	39.55	437.93	38.33	47.14
山　西	30.96	484.82	46.32	46.69
内蒙古	43.72	539.06	42.06	47.56
辽　宁	47.45	599.25	40.56	44.96
吉　林	58.63	639.20	47.76	40.34
黑龙江	44.26	375.38	79.32	17.45
上　海	66.72	921.93	46.37	37.00
江　苏	55.47	534.63	41.37	51.94
浙　江	52.12	553.46	33.88	55.10
安　徽	35.07	403.33	46.97	45.19
福　建	58.14	594.63	41.82	41.20
江　西	70.65	617.89	72.35	24.55
山　东	43.49	806.04	47.49	45.09

评价补充财务指标表（五星级饭店）

商品收入比　率(%)	娱乐收入比　率(%)	餐　饮毛利率(%)	商　品毛利率(%)	娱　乐毛利率(%)
0.87	0.85	57.44	41.96	77.15
0.29	0.39	60.93	29.89	97.67
1.00	0.91	34.40	47.25	95.78
3.79	1.94	49.13	13.30	99.39
0.05	0.30	53.80	59.99	58.98
0.00	0.00	54.13	—	—
1.35	1.20	57.78	98.37	55.70
0.07	0.57	35.69	60.22	97.81
0.11	0.00	52.16	—	—
0.68	0.18	58.89	31.76	87.21
0.83	0.63	55.95	41.90	72.55
1.54	1.16	56.03	36.90	87.70
0.06	0.05	55.08	58.77	95.67
0.24	2.19	52.67	47.74	72.06
0.00	0.00	35.74	—	—
0.82	0.29	63.98	34.84	91.88

地　区	平均客房出租率(%)	平均房价(元)	房费收入比　率(%)	餐饮收入比　率(%)
河　南	59.04	471.13	48.40	41.61
湖　北	53.28	554.33	54.14	39.61
湖　南	49.84	464.14	44.37	43.46
广　东	57.62	690.45	43.49	41.34
广　西	48.90	518.93	47.01	38.54
海　南	55.52	860.46	63.93	31.35
重　庆	56.19	558.58	47.49	39.80
四　川	49.86	649.45	53.82	34.25
贵　州	46.95	711.74	50.01	39.26
云　南	52.27	356.58	61.46	24.42
陕　西	58.72	571.56	53.05	38.78
甘　肃	32.55	379.37	47.57	36.26
青　海	41.94	915.69	58.96	34.10
宁　夏	33.50	871.25	41.53	38.23
新　疆	37.81	468.00	34.49	48.86
西　藏	—	—	—	—

续表

商品收入比　率(%)	娱乐收入比　率(%)	餐　饮毛利率(%)	商　品毛利率(%)	娱　乐毛利率(%)
0.62	2.07	46.04	44.85	72.35
0.12	0.16	59.93	47.16	90.03
0.09	7.59	62.54	31.67	76.44
2.57	1.51	60.25	49.96	57.46
1.19	0.44	51.03	72.19	93.02
0.17	0.89	60.85	44.61	87.73
0.81	0.24	62.95	60.78	72.50
0.00	2.31	64.40	—	96.33
5.78	0.00	61.48	26.99	—
1.17	0.20	47.10	13.86	98.74
0.17	0.00	51.70	34.55	—
0.00	0.18	32.33	—	89.83
4.29	0.28	59.60	44.15	83.83
0.00	0.00	65.27	—	—
0.42	0.90	61.82	20.96	60.76
—	—	—	—	—

2014 年度全国旅游行业经济效益

地　区	平均客房出租率(%)	平均房价(元)	房费收入比　率(%)	餐饮收入比　率(%)
全　国	55.15	348.87	41.33	39.58
北　京	59.79	492.04	48.82	29.05
天　津	47.76	528.66	41.77	47.15
河　北	45.40	274.48	39.54	41.20
山　西	45.69	306.14	38.23	44.24
内蒙古	48.99	311.72	43.32	51.69
辽　宁	49.17	337.91	45.71	43.59
吉　林	50.49	316.30	46.88	42.44
黑龙江	56.17	338.53	46.02	43.71
上　海	67.78	492.26	46.61	30.68
江　苏	53.95	328.90	34.24	52.16
浙　江	57.95	372.34	25.28	36.39
安　徽	48.71	251.11	36.83	53.94
福　建	57.76	299.80	44.80	44.98
江　西	59.77	283.12	59.77	37.96
山　东	54.78	328.90	37.61	45.71

评价补充财务指标表（四星级饭店）

商品收入比　率(%)	娱乐收入比　率(%)	餐　饮毛利率(%)	商　品毛利率(%)	娱　乐毛利率(%)
6.76	1.16	50.33	22.08	67.17
1.20	0.94	58.70	35.00	84.08
4.35	0.48	47.06	17.90	64.04
2.57	0.90	46.13	60.00	75.49
0.60	0.05	50.22	41.23	69.11
0.08	0.41	51.41	50.63	57.55
0.70	0.32	53.84	31.25	88.53
0.57	1.78	49.10	33.94	65.54
1.03	1.82	54.53	42.08	94.40
0.82	0.32	57.46	13.61	95.87
4.38	1.02	50.94	13.76	79.44
31.37	0.87	47.88	20.01	76.06
2.69	0.73	44.96	24.92	76.82
0.47	3.88	45.28	36.61	46.48
0.97	0.09	37.25	65.57	72.93
3.60	0.63	45.16	47.23	87.85

地　区	平均客房出租率(%)	平均房价(元)	房费收入比　率(%)	餐饮收入比　率(%)
河　南	55.36	274.19	44.68	36.23
湖　北	53.22	308.85	45.26	42.28
湖　南	59.54	319.01	43.43	43.17
广　东	56.63	371.49	43.03	42.84
广　西	52.97	239.51	41.85	41.35
海　南	51.48	243.58	62.63	28.05
重　庆	59.83	330.59	49.62	37.29
四　川	53.41	356.74	48.45	37.99
贵　州	57.82	306.14	59.21	31.29
云　南	55.95	274.33	50.52	28.66
陕　西	55.84	324.25	48.26	42.66
甘　肃	46.90	251.23	49.16	45.66
青　海	46.50	327.93	50.59	39.15
宁　夏	39.85	323.08	43.43	46.98
新　疆	43.61	353.73	49.83	40.93
西　藏	—	—	—	—

续表

商品收入比　率(%)	娱乐收入比　率(%)	餐　饮毛利率(%)	商　品毛利率(%)	娱　乐毛利率(%)
1.84	0.57	51.22	59.97	51.27
0.69	1.93	52.23	41.35	77.44
0.76	3.28	51.16	43.28	70.18
0.61	2.83	50.87	44.10	47.42
1.03	2.02	52.31	39.96	64.11
0.51	1.04	55.11	95.85	72.89
1.71	1.50	49.66	50.94	64.65
0.76	1.33	48.09	46.45	79.88
1.76	0.16	53.00	25.03	72.15
3.79	0.69	47.06	42.20	48.97
0.41	0.58	54.48	19.18	47.42
0.67	0.27	50.65	20.27	96.63
0.46	0.02	54.71	8.72	98.13
1.29	0.02	44.86	56.23	97.11
0.40	1.08	51.91	44.46	65.96
—	—	—	—	—

2014 年度全国旅游行业经济效益

地　区	平均客房出租率(%)	平均房价(元)	房费收入比　率(%)	餐饮收入比　率(%)
全　国	54.80	216.60	42.98	43.04
北　京	59.67	350.84	49.61	27.59
天　津	56.23	389.53	41.06	52.35
河　北	45.57	205.35	38.91	50.36
山　西	55.33	248.05	47.73	42.74
内蒙古	45.04	243.46	39.60	44.67
辽　宁	47.62	195.57	43.19	38.01
吉　林	47.64	238.85	57.16	35.69
黑龙江	52.00	221.72	58.94	29.63
上　海	62.51	313.76	45.52	30.28
江　苏	54.80	203.87	33.25	56.43
浙　江	56.15	236.66	36.26	47.79
安　徽	52.28	174.58	37.65	62.89
福　建	54.41	195.48	38.73	45.10
江　西	61.01	192.10	56.16	41.52
山　东	51.82	200.44	37.62	54.41

评价补充财务指标表（三星级饭店）

商品收入比 率(%)	娱乐收入比 率(%)	餐 饮毛利率(%)	商 品毛利率(%)	娱 乐毛利率(%)
2.81	1.05	42.79	28.95	61.46
1.54	1.07	51.33	37.08	83.59
1.32	0.54	24.04	53.71	63.09
1.72	1.02	42.63	32.79	79.14
1.47	0.17	45.11	34.50	63.63
6.26	0.19	50.02	53.40	73.91
1.29	0.83	43.06	25.40	75.83
2.17	0.01	43.20	62.11	70.15
0.52	0.55	25.61	52.01	0.59
2.35	0.47	47.40	20.64	71.44
1.24	0.45	42.38	29.40	80.73
4.77	1.32	40.83	15.79	60.61
1.42	0.19	54.15	31.53	79.57
1.10	3.80	37.72	47.68	47.34
0.32	0.93	29.27	19.90	57.07
2.88	0.11	41.33	47.72	89.79

地　区	平均客房出租率（%）	平均房价（元）	房费收入比　率（%）	餐饮收入比　率（%）
河　南	60.01	173.53	41.12	45.89
湖　北	55.72	174.29	44.93	45.78
湖　南	65.42	180.65	44.77	44.54
广　东	54.44	274.23	42.70	42.99
广　西	53.72	143.18	47.98	42.46
海　南	53.76	123.14	53.46	38.84
重　庆	54.85	205.32	35.37	25.04
四　川	58.53	232.78	45.40	40.54
贵　州	62.04	209.91	62.57	31.64
云　南	48.64	177.05	54.82	31.22
陕　西	51.21	184.12	39.79	49.41
甘　肃	46.55	149.79	44.85	48.48
青　海	41.75	183.17	57.71	31.33
宁　夏	46.13	204.84	36.63	52.54
新　疆	46.55	181.81	46.98	46.29
西　藏	—	—	—	—

续表

商品收入比　率(%)	娱乐收入比　率(%)	餐　饮毛利率(%)	商　品毛利率(%)	娱　乐毛利率(%)
2.37	0.93	40.30	44.08	50.08
1.80	0.30	42.28	39.98	20.95
2.29	1.49	40.96	39.39	54.46
2.36	1.66	52.87	51.74	53.68
1.01	1.07	43.28	36.57	63.11
1.12	0.00	44.25	41.67	—
22.01	0.71	43.05	16.58	63.02
2.20	2.43	43.23	41.41	71.31
1.04	0.38	47.64	58.21	38.38
1.71	2.19	41.26	31.84	51.14
1.47	0.77	44.78	38.18	57.75
1.72	0.54	40.96	31.70	90.28
0.63	0.27	49.15	23.84	99.32
2.59	0.24	47.65	34.74	46.54
0.96	0.45	45.73	28.84	91.19
—	—	—	—	—

2014 年度全国旅游行业经济效益

地　区	平均客房出租率(%)	平均房价(元)	房费收入比　率(%)	餐饮收入比　率(%)
全　国	51.66	155.66	46.33	39.97
北　京	59.12	271.59	46.53	26.32
天　津	54.36	233.81	43.11	56.57
河　北	42.83	127.35	21.19	69.80
山　西	41.27	142.05	40.85	48.57
内蒙古	42.81	125.31	41.48	47.43
辽　宁	50.73	165.56	67.68	24.64
吉　林	23.33	156.39	47.35	39.45
黑龙江	37.36	152.70	34.18	49.11
上　海	69.14	305.42	63.60	22.62
江　苏	54.83	147.95	38.58	44.02
浙　江	50.69	189.31	48.53	32.26
安　徽	53.54	146.13	46.18	49.99
福　建	59.70	157.27	35.78	47.53
江　西	56.76	121.80	52.75	38.69
山　东	40.07	154.37	33.06	57.63

评价补充财务指标表（二星级饭店）

商品收入比 率(%)	娱乐收入比 率(%)	餐 饮毛利率(%)	商 品毛利率(%)	娱 乐毛利率(%)
3.27	1.02	39.09	28.63	58.30
7.16	0.84	49.18	25.99	78.78
0.32	0.00	45.09	19.12	—
4.54	0.00	38.54	6.47	—
3.10	0.00	37.89	31.24	—
1.04	0.06	47.36	42.83	47.36
0.26	0.00	37.29	55.61	—
0.06	1.58	29.37	—	50.00
2.83	4.90	78.76	7.50	58.40
2.04	0.72	44.80	9.83	81.69
2.25	4.88	28.44	26.54	69.18
6.09	0.40	36.41	25.25	19.94
0.25	0.00	40.63	21.73	—
10.25	0.04	51.55	34.61	20.88
0.00	0.00	30.43	—	—
3.17	0.00	38.11	47.79	—

地　区	平均客房出租率(%)	平均房价(元)	房费收入比　率(%)	餐饮收入比　率(%)
河　南	59.52	117.91	39.51	50.66
湖　北	49.16	132.88	51.05	39.32
湖　南	69.64	127.31	51.24	42.32
广　东	60.04	190.22	47.53	35.29
广　西	59.80	111.82	48.21	33.24
海　南	48.48	133.10	30.79	3.68
重　庆	41.30	127.59	36.64	56.33
四　川	62.11	137.30	39.34	49.34
贵　州	55.36	152.90	61.09	31.26
云　南	38.98	117.55	58.08	31.64
陕　西	54.90	142.33	33.20	51.84
甘　肃	51.74	110.87	39.41	53.86
青　海	36.31	90.17	83.77	14.06
宁　夏	28.29	154.48	40.68	45.73
新　疆	41.44	136.01	58.51	31.65
西　藏	—	—	—	—

续表

商品收入比　率(%)	娱乐收入比　率(%)	餐　饮毛利率(%)	商　品毛利率(%)	娱　乐毛利率(%)
3.56	0.17	40.12	52.13	65.65
3.20	0.26	37.41	40.80	43.96
1.46	2.17	31.43	25.95	47.73
1.54	0.00	47.23	39.87	—
2.69	0.32	40.34	36.75	63.50
0.11	0.63	67.52	—	73.89
1.20	0.88	19.98	43.60	98.77
3.31	2.06	31.15	32.46	60.98
0.03	0.00	38.35	10.00	—
0.74	2.89	39.76	30.39	45.13
5.42	0.42	46.92	40.42	27.24
1.60	0.00	33.75	25.84	—
0.00	0.00	—	—	—
0.00	0.00	36.79	—	—
0.54	0.00	25.82	25.61	—
—	—	—	—	—

2014 年度全国旅游行业经济效益

地　区	平均客房出租率(%)	平均房价(元)	房费收入比　率(%)	餐饮收入比　率(%)
全　国	54.64	120.97	45.22	47.13
北　京	—	—	—	—
天　津	38.17	150.55	14.58	81.42
河　北	47.67	117.08	29.20	69.24
山　西	—	—	—	—
内蒙古	—	—	—	—
辽　宁	—	—	—	—
吉　林	—	—	—	—
黑龙江	—	—	—	—
上　海	65.51	169.82	82.55	14.42
江　苏	—	—	—	—
浙　江	53.46	84.46	30.25	64.79
安　徽	34.12	94.99	46.15	35.89
福　建	38.71	99.26	7.79	61.96
江　西	—	—	—	—
山　东	—	—	—	—

评价补充财务指标表（一星级饭店）

商品收入比　率(%)	娱乐收入比　率(%)	餐　饮毛利率(%)	商　品毛利率(%)	娱　乐毛利率(%)
2.96	1.78	39.50	36.66	32.71
—	—	—	—	—
0.00	0.00	47.98	—	—
1.57	0.00	33.53	31.08	—
—	—	—	—	—
—	—	—	—	—
—	—	—	—	—
—	—	—	—	—
—	—	—	—	—
0.39	0.00	57.00	52.66	—
—	—	—	—	—
1.22	1.66	32.02	97.13	4.21
0.78	0.00	53.77	—	—
30.12	0.00	34.13	34.68	—
—	—	—	—	—
—	—	—	—	—

地　区	平均客房出租率(%)	平均房价(元)	房费收入比　率(%)	餐饮收入比　率(%)
河　南	25.87	126.15	96.75	0.00
湖　北	60.93	149.31	57.91	41.42
湖　南	75.07	130.22	46.40	43.91
广　东	—	—	—	—
广　西	—	—	—	—
海　南	66.63	76.88	89.56	0.00
重　庆	31.16	80.00	22.50	66.10
四　川	—	—	—	—
贵　州	55.40	157.07	88.81	5.43
云　南	53.38	96.15	59.34	38.39
陕　西	—	—	—	—
甘　肃	53.45	84.70	69.09	30.91
青　海	—	—	—	—
宁　夏	—	—	—	—
新　疆	15.21	120.34	99.96	0.04
西　藏	—	—	—	—

续表

商品收入比　率(%)	娱乐收入比　率(%)	餐　饮毛利率(%)	商　品毛利率(%)	娱　乐毛利率(%)
0.00	0.00	—	—	—
0.00	0.00	—	—	—
1.36	6.58	51.72	19.70	36.89
—	—	—	—	—
—	—	—	—	—
0.00	0.00	—	—	—
0.00	0.00	10.19	—	—
—	—	—	—	—
0.00	0.00	—	—	—
0.00	0.00	23.11	—	—
—	—	—	—	—
0.00	0.00	—	—	—
—	—	—	—	—
—	—	—	—	—
0.00	0.00	—	—	—
—	—	—	—	—

2014 年度全国旅游行业经济效益

地　区	平均客房出租率（%）	平均房价（元）	房费收入比　率（%）	餐饮收入比　率（%）
全　国	56.52	361.84	51.88	37.29
北　京	56.17	379.87	48.81	22.78
天　津	71.01	400.65	37.07	62.93
河　北	48.55	316.41	40.29	49.52
山　西	60.86	149.62	46.12	44.28
内蒙古	31.78	141.88	28.14	63.25
辽　宁	38.41	353.00	24.82	36.49
吉　林	39.85	412.73	40.54	9.31
黑龙江	53.18	367.71	58.44	30.69
上　海	66.99	355.09	61.29	28.49
江　苏	51.16	386.52	45.82	47.88
浙　江	54.98	356.76	43.70	47.62
安　徽	34.74	127.98	71.68	27.48
福　建	55.87	357.76	50.30	42.17
江　西	—	—	—	—
山　东	45.39	389.98	41.62	48.42

评价补充财务指标表（未评星级饭店）

商品收入比　率(%)	娱乐收入比　率(%)	餐　饮毛利率(%)	商　品毛利率(%)	娱　乐毛利率(%)
0.94	0.56	56.55	51.12	74.73
2.32	2.67	55.13	52.18	74.95
0.00	0.00	47.66	—	—
2.36	0.34	51.88	34.40	94.25
0.00	0.00	47.71	—	—
0.00	0.00	33.53	—	—
30.18	0.46	69.10	75.05	99.03
0.00	0.00	62.02	—	—
0.00	0.00	34.94	—	—
0.29	0.06	59.64	47.38	85.03
0.26	0.57	55.93	30.26	83.92
0.24	0.39	53.49	38.68	90.94
0.84	0.00	26.11	21.37	—
0.02	0.45	53.13	33.32	59.63
—	—	—	—	—
0.95	0.57	36.89	16.83	96.90

地　区	平均客房出租率(%)	平均房价(元)	房费收入比　率(%)	餐饮收入比　率(%)
河　南	68.00	98.92	50.06	37.13
湖　北	45.63	193.86	38.46	52.40
湖　南	36.53	206.41	19.52	38.94
广　东	59.15	396.16	48.29	39.17
广　西	43.98	414.26	49.80	43.87
海　南	50.10	412.41	61.23	28.63
重　庆	37.48	353.47	43.65	38.01
四　川	34.55	296.25	43.85	44.25
贵　州	56.74	454.32	55.64	38.55
云　南	40.60	483.86	67.39	26.47
陕　西	62.01	208.16	39.77	55.09
甘　肃	22.51	276.05	56.07	42.61
青　海	—	—	—	—
宁　夏	—	—	—	—
新　疆	40.46	223.85	21.47	21.83
西　藏	—	—	—	—

续表

商品收入比　率(%)	娱乐收入比　率(%)	餐　饮毛利率(%)	商　品毛利率(%)	娱　乐毛利率(%)
5.83	1.03	33.02	24.66	—
1.02	0.44	60.95	27.85	94.08
38.82	0.00	38.42	5.50	—
0.56	1.60	59.19	55.94	63.99
0.15	2.63	60.62	33.69	79.70
0.08	0.50	61.55	29.41	86.75
0.52	0.20	52.83	33.01	23.14
0.65	1.02	49.21	31.43	62.40
0.03	0.00	57.91	95.73	—
1.28	1.30	55.40	16.64	70.45
3.48	0.11	60.86	24.25	85.77
0.69	0.00	55.10	17.00	—
—	—	—	—	—
—	—	—	—	—
0.32	0.00	30.78	49.44	—
—	—	—	—	—

2014 年度全国旅游行业经济效益

地 区	景区门票收入比率(%)	景区餐饮收入比率(%)	景区商品收入比率(%)	景区娱乐收入比率(%)
全 国	46.19	8.81	9.42	1.83
北 京	61.70	5.31	1.36	4.77
天 津	26.65	2.03	27.64	13.12
河 北	30.41	11.80	2.69	1.21
山 西	73.47	8.26	1.81	2.38
内蒙古	31.12	22.10	4.84	2.47
辽 宁	81.23	4.23	2.98	0.95
吉 林	56.45	10.32	5.04	0.94
黑龙江	65.78	8.86	2.25	2.28
上 海	45.00	10.82	5.93	0.32
江 苏	43.24	8.75	9.55	1.72
浙 江	46.55	7.81	18.51	0.99
安 徽	53.80	15.37	7.68	0.20
福 建	29.81	4.35	11.77	0.46
江 西	39.82	1.13	6.98	0.57
山 东	49.94	9.88	15.63	2.79

评价补充财务指标表（全部旅游景区）

其他旅游收入比率(%)	景区餐饮收入毛利率(%)	景区商品收入毛利率(%)	景区娱乐收入毛利率(%)	平均门票价格(元)
33.74	40.25	35.87	53.94	36.61
26.86	69.45	69.26	89.46	30.09
30.56	31.84	38.29	32.05	29.71
53.88	48.24	19.82	79.33	23.38
14.08	47.32	38.96	35.00	32.42
39.47	52.85	23.79	55.15	37.28
10.62	45.99	44.90	43.89	80.27
27.26	26.30	33.11	51.95	57.28
20.83	23.88	37.50	75.83	41.02
37.92	40.81	49.76	17.12	41.38
36.74	40.80	36.36	58.84	29.68
26.15	33.82	19.24	63.79	33.53
22.96	31.07	20.66	35.52	46.45
53.61	53.38	33.12	66.54	25.68
51.50	11.37	17.63	62.87	40.07
21.77	27.36	22.65	78.69	43.61

地　区	景区门票收入比率(%)	景区餐饮收入比率(%)	景区商品收入比率(%)	景区娱乐收入比率(%)
河　南	67.46	3.88	2.17	2.51
湖　北	64.22	10.67	2.27	1.52
湖　南	52.03	7.46	7.18	0.48
广　东	56.06	13.87	5.61	1.64
广　西	14.79	1.71	10.69	0.92
海　南	65.45	5.69	5.89	0.29
重　庆	35.88	20.08	18.32	3.40
四　川	36.96	12.77	6.39	4.83
贵　州	46.22	14.77	15.22	3.39
云　南	40.13	5.24	28.60	0.17
陕　西	38.48	13.01	5.20	3.13
甘　肃	48.67	1.51	15.59	0.08
青　海	71.06	25.08	0.77	0.00
宁　夏	46.37	2.68	0.84	3.72
新　疆	33.57	7.04	8.25	0.11
西　藏	—	—	—	—

续表

其他旅游收入比率(%)	景区餐饮收入毛利率(%)	景区商品收入毛利率(%)	景区娱乐收入毛利率(%)	平均门票价格(元)
23.98	32.94	52.86	63.85	40.57
21.31	57.77	46.78	82.54	56.45
32.85	31.72	26.98	88.66	69.64
22.83	47.26	52.76	51.02	49.68
71.90	41.27	54.91	23.47	28.25
22.69	41.93	46.25	37.77	55.09
22.32	29.41	31.43	30.58	52.91
39.05	22.74	39.34	32.31	61.70
20.40	36.75	52.51	25.89	35.66
25.86	43.54	41.50	46.68	28.93
40.18	57.81	65.79	53.13	10.88
34.14	27.89	37.58	30.63	54.24
3.09	67.15	13.76	—	21.11
46.40	28.35	66.15	60.63	38.98
51.03	54.44	62.96	60.29	26.16
—	—	—	—	—

2014 年度全国旅游行业经济效益

地 区	景区门票收入比率(%)	景区餐饮收入比率(%)	景区商品收入比率(%)	景区娱乐收入比率(%)
全 国	49.51	11.18	5.02	2.03
北 京	73.89	5.21	0.40	3.18
天 津	100.00	0.00	0.00	0.00
河 北	36.92	10.41	1.48	1.80
山 西	72.36	8.50	1.67	2.98
内蒙古	27.69	24.05	5.62	2.64
辽 宁	49.73	8.05	7.95	3.30
吉 林	45.29	15.25	5.55	1.27
黑龙江	73.39	6.09	0.81	0.00
上 海	25.21	25.63	2.75	2.21
江 苏	29.29	13.31	10.31	1.33
浙 江	51.40	10.34	3.44	1.27
安 徽	71.17	11.64	3.69	0.54
福 建	58.53	10.42	5.05	1.29
江 西	59.22	2.65	0.29	0.00
山 东	50.47	20.08	10.25	1.92

评价补充财务指标表（自然类旅游景区）

其他旅游收入比率(%)	景区餐饮收入毛利率(%)	景区商品收入毛利率(%)	景区娱乐收入毛利率(%)	平均门票价格（元）
32.26	35.44	33.26	43.91	31.20
17.32	49.12	77.48	93.66	40.43
0.00	—	—	—	15.80
49.39	27.45	51.69	77.36	19.53
14.48	44.00	41.57	35.00	36.25
39.99	53.41	23.71	51.70	42.14
30.96	24.63	48.33	43.89	62.80
32.64	28.01	37.29	43.65	40.65
19.71	16.35	8.94	—	39.40
44.20	36.10	27.22	16.39	10.12
45.77	37.57	21.65	45.96	24.93
33.55	33.04	46.98	86.23	31.51
12.97	49.03	12.55	35.52	43.49
24.71	54.85	19.86	67.47	33.72
37.84	11.86	7.76	—	38.34
17.28	16.12	16.84	90.52	19.90

地　区	景区门票收入比率(%)	景区餐饮收入比率(%)	景区商品收入比率(%)	景区娱乐收入比率(%)
河　南	60.53	4.62	1.03	2.09
湖　北	61.02	12.43	2.20	2.01
湖　南	62.09	8.54	1.64	0.30
广　东	37.97	19.72	5.81	2.65
广　西	44.71	5.73	2.58	4.04
海　南	61.79	6.44	6.59	0.30
重　庆	41.00	17.00	16.71	2.29
四　川	36.89	15.06	6.04	6.25
贵　州	39.89	15.74	14.80	6.82
云　南	53.75	5.21	0.92	0.27
陕　西	56.84	12.02	2.87	1.21
甘　肃	63.63	1.26	21.58	0.10
青　海	78.58	17.80	0.00	0.00
宁　夏	34.63	2.79	1.03	4.22
新　疆	50.55	5.66	7.48	0.18
西　藏	—	—	—	—

续表

其他旅游收入比率(%)	景区餐饮收入毛利率(%)	景区商品收入毛利率(%)	景区娱乐收入毛利率(%)	平均门票价 格(元)
31.74	31.89	64.53	41.76	36.40
22.34	55.63	42.68	79.53	49.98
27.42	29.40	19.63	13.87	71.74
33.84	29.21	37.52	14.10	21.76
42.94	42.21	23.74	23.08	25.06
24.88	41.75	45.72	—	60.79
23.00	29.58	33.22	40.68	45.51
35.75	21.74	27.99	31.81	68.71
22.75	44.46	58.88	25.89	21.87
39.86	38.96	50.95	42.40	33.10
27.05	39.11	61.17	53.47	8.35
13.43	8.22	35.52	32.02	58.66
3.62	13.75	—	—	9.57
57.34	24.82	67.24	61.84	31.84
36.14	50.57	83.55	60.29	27.54
—	—	—	—	—

2014年度全国旅游行业经济效益

地　区	景区门票收入比率(%)	景区餐饮收入比率(%)	景区商品收入比率(%)	景区娱乐收入比率(%)
全　国	46.46	6.34	7.30	1.38
北　京	88.80	0.25	0.52	7.98
天　津	—	—	—	—
河　北	8.04	32.99	0.34	1.02
山　西	88.39	5.07	2.68	0.00
内蒙古	32.83	17.39	0.41	0.00
辽　宁	100.00	0.00	0.00	0.00
吉　林	99.39	0.00	0.61	0.00
黑龙江	0.00	57.14	0.00	0.00
上　海	28.63	0.00	0.00	0.00
江　苏	52.39	8.41	17.34	0.12
浙　江	66.48	6.40	4.70	0.00
安　徽	73.63	6.19	4.08	0.00
福　建	24.07	0.07	0.35	0.02
江　西	66.17	0.90	0.00	0.00
山　东	48.92	2.66	17.55	0.12

评价补充财务指标表（文物类旅游景区）

其他旅游收入比率(%)	景区餐饮收入毛利率(%)	景区商品收入毛利率(%)	景区娱乐收入毛利率(%)	平均门票价格(元)
38.51	62.95	50.79	65.91	27.29
2.45	73.56	58.68	81.94	24.38
—	—	—	—	—
57.60	68.70	46.25	94.92	27.36
3.85	72.14	31.66	—	15.21
49.37	23.08	42.43	—	25.24
0.00	—	—	—	9.07
0.00	—	61.98	—	43.90
42.86	16.67	—	—	—
71.37	—	—	—	12.60
21.73	50.00	46.69	56.00	18.30
22.42	55.64	2.67	—	16.83
16.11	52.90	37.88	—	51.64
75.49	37.94	49.46	10.00	15.47
32.92	0.19	—	—	34.49
30.74	87.03	35.40	—	49.74

地　区	景区门票收入比率(%)	景区餐饮收入比率(%)	景区商品收入比率(%)	景区娱乐收入比率(%)
河　南	88.04	0.44	0.78	0.40
湖　北	73.52	5.19	1.63	0.00
湖　南	25.06	3.45	3.27	0.23
广　东	45.16	10.06	7.31	0.00
广　西	76.73	0.00	12.13	0.00
海　南	75.72	5.57	4.74	4.11
重　庆	61.46	5.42	0.05	0.00
四　川	7.03	0.80	14.04	0.45
贵　州	62.69	14.03	7.57	0.00
云　南	87.20	0.64	2.54	0.00
陕　西	13.04	25.51	12.95	7.50
甘　肃	63.16	9.68	5.95	0.18
青　海	91.96	0.00	1.80	0.00
宁　夏	90.89	2.30	0.11	1.87
新　疆	80.28	4.92	0.00	0.00
西　藏	—	—	—	—

续表

其他旅游收入比率(%)	景区餐饮收入毛利率(%)	景区商品收入毛利率(%)	景区娱乐收入毛利率(%)	平均门票价　格(元)
10.34	—	47.80	—	45.21
19.66	26.45	37.48	—	46.50
67.99	28.74	26.86	61.88	39.24
37.46	76.03	96.90	—	9.43
11.13	—	39.68	—	45.86
9.85	40.00	46.01	37.77	16.19
33.07	37.08	19.50	—	43.22
77.68	75.73	77.26	48.55	16.93
15.71	18.26	33.72	—	79.86
9.63	—	75.00	—	13.97
41.00	79.20	76.12	56.20	27.01
21.02	48.63	71.65	19.03	29.14
6.23	—	13.76	—	39.63
4.84	60.00	24.60	50.00	50.35
14.80	—	—	—	24.20
—	—	—	—	—

2014 年度全国旅游行业经济效益

地　区	景区门票收入比率(%)	景区餐饮收入比率(%)	景区商品收入比率(%)	景区娱乐收入比率(%)
全　国	42.50	6.88	14.78	1.72
北　京	49.49	7.05	1.88	4.08
天　津	20.43	2.20	29.98	14.23
河　北	29.95	2.68	6.43	0.14
山　西	1.00	23.55	0.00	0.00
内蒙古	54.84	9.18	0.05	1.71
辽　宁	93.86	2.72	0.98	0.00
吉　林	73.25	2.56	4.36	0.42
黑龙江	45.23	15.97	6.35	8.75
上　海	48.44	8.60	6.54	0.02
江　苏	56.28	3.47	5.63	2.80
浙　江	37.97	4.51	40.38	0.70
安　徽	33.13	21.50	12.11	0.00
福　建	6.41	2.09	28.44	0.01
江　西	22.57	0.00	12.72	1.07
山　东	50.13	8.57	17.10	4.27

评价补充财务指标表（主题类旅游景区）

其他旅游收入比率(%)	景区餐饮收入毛利率(%)	景区商品收入毛利率(%)	景区娱乐收入毛利率(%)	平均门票价格(元)
34.11	43.15	34.94	63.22	53.52
37.50	72.08	69.82	93.62	28.27
33.15	31.84	38.29	32.05	46.81
60.79	63.58	4.32	65.00	42.15
75.45	—	—	—	10.67
34.22	49.58	58.81	93.78	27.53
2.44	63.48	33.57	—	98.00
19.42	17.57	24.11	93.84	162.52
23.69	32.05	47.31	75.83	50.39
36.40	43.10	51.27	45.32	58.52
31.82	47.26	57.26	64.94	56.98
16.45	32.93	16.08	8.02	46.20
33.27	21.16	20.35	—	47.72
63.05	46.84	35.28	—	27.84
63.64	—	17.65	62.87	46.34
19.93	30.36	19.44	78.65	65.08

地　区	景区门票收入比率(%)	景区餐饮收入比率(%)	景区商品收入比率(%)	景区娱乐收入比率(%)
河　南	76.57	4.04	8.17	6.22
湖　北	69.39	7.88	2.51	0.75
湖　南	58.93	9.06	17.83	0.91
广　东	66.54	10.87	5.41	1.18
广　西	2.92	0.59	13.03	0.03
海　南	91.05	0.32	0.89	0.00
重　庆	28.48	24.48	21.45	4.84
四　川	55.09	8.78	3.50	0.58
贵　州	36.01	13.47	28.61	0.00
云　南	20.70	5.43	65.94	0.06
陕　西	34.03	5.64	2.67	2.41
甘　肃	3.60	0.82	0.21	0.01
青　海	49.53	50.47	0.00	0.00
宁　夏	100.00	0.00	0.00	0.00
新　疆	4.80	9.27	10.01	0.00
西　藏	—	—	—	—

续表

其他旅游收入比率(%)	景区餐饮收入毛利率(%)	景区商品收入毛利率(%)	景区娱乐收入毛利率(%)	平均门票价格(元)
5.00	38.74	49.38	98.88	53.67
19.47	66.28	53.94	97.53	74.75
13.27	35.52	27.91	95.77	88.30
16.00	63.61	58.91	95.07	99.62
83.42	38.25	57.36	36.90	30.87
7.73	68.98	74.20	—	23.03
20.74	29.14	29.97	28.48	72.07
32.05	31.82	48.06	50.56	54.97
21.91	45.30	52.18	—	46.83
7.87	48.15	41.30	71.90	22.32
55.25	36.96	38.10	46.49	24.10
95.37	9.05	38.29	27.59	23.80
0.00	71.91	—	—	15.86
0.00	—	—	—	20.38
75.92	57.38	40.40	—	19.55
—	—	—	—	—

责任编辑：王建华　王　军
责任印制：冯冬青

图书在版编目（CIP）数据

2015 中国旅游财务信息年鉴 / 中华人民共和国国家旅游局编．-- 北京 : 中国旅游出版社，2015.12
ISBN 978-7-5032-5435-2

Ⅰ．① 2…　Ⅱ．①中…　Ⅲ．①旅游业 – 财务信息 – 中国 – 2015 – 年鉴　Ⅳ．F592.6-54

中国版本图书馆 CIP 数据核字（2015）第 259770 号

书　　名：2015 中国旅游财务信息年鉴

编　　者：中华人民共和国国家旅游局
出版发行：中国旅游出版社
（北京建国门内大街甲 9 号　邮编：100005）
http://www.cttp.net.cn　E-mail:cttp@cnta.gov.cn
发行部电话：010-85166503
排　　版：北京旅教文化传播有限公司
经　　销：全国各地新华书店
印　　刷：北京工商事务印刷有限公司
版　　次：2015 年 12 月第 1 版　2015 年 12 月第 1 次印刷
开　　本：787 毫米 ×1092 毫米　1/16
印　　张：15
字　　数：200 千
定　　价：68.00 元
I S B N　978-7-5032-5435-2